COLLEZIONE DI TEATRO

25.

© 1963 e 1974 Giulio Einaudi editore s.p.a., Torino

ISBN 88-06-07203-X

Ruzante

LA MOSCHETA

A cura di Ludovico Zorzi

Giulio Einaudi editore

Ruzante (con la sibilante scempia e sonora, secondo la firma autografa e la pronuncia pavana del nome) o *Ruzzante* (con la stessa lettera geminata e sorda, secondo l'ortoepia toscana introdotta da alcuni tipografi sulla traccia di una falsa etimologia da *ruzzare*, che egli stesso contribuí a fare propria) fu il nome d'arte dell'autore e attore teatrale Angelo Beolco. Nato, probabilmente a Padova, prima del 1496, vi morí il 17 marzo 1542. La tradizione che lo voleva nato nel 1502 ebbe origine dall'epigrafe tombale (riferita dal primo biografo del Ruzante, il canonico padovano Bernardino Scardeone), stando alla quale l'attore sarebbe morto all'età di quarant'anni; ma due documenti messi recentemente in luce da P. Sambin consentono di anticipare l'anno della nascita, il primo al 1500 e il secondo al 1496 (nel 1521 il Beolco avrebbe già avuto venticinque anni, ossia la maggiore età allora necessaria per sottoscrivere un atto legale). Alla posticipazione della data poté non essere estranea la tendenziosità del Cornaro (alla cui fonte risalgono le informazioni dello Scardeone), già impegnato dopo il 1540 a realizzare il proprio personaggio nelle virtú della 'vita sobria', accrescendo a sé gli anni e scemandoli forse agli amici, per dimostrare (come scrisse a proposito del Ruzante) che la loro fine prematura era dovuta ai 'desordeni' eccedenti una regola in realtà normale di vita. Oltre che a situare gli esordi della produzione ruzantiana in una prospettiva meno precoce, la nascita ante 1496 confermerebbe, parzialmente modificandola, la condizione di figlio naturale del Ruzante, nato prima delle nozze del padre (avvenute nel 1500 circa) e primogenito di altri sei figli seguiti dopo il matrimonio: Lazzaro, Pietro, Ludovico, Lazzaro jr (nato dopo la morte del primo), Caterina e Paola. Ignota, finora, la madre: una cauta ipotesi del Sambin propone di riconoscerla in certa Maria, domestica di Paola Beolco, nonna del Ruzante.

Il padre, Giovanni Francesco, appartenente a una fami-

glia di origine milanese trasferitasi nel Veneto verso la metà del secolo xv e arricchitasi con la mercatura e con l'acqui-
sto di terre (onde il Ruzante è indicato spesso nei documenti come «Angelus de Mediolanensibus»), fu dottore in arti
e medicina e per un certo tempo rettore del Collegio degli
Artisti, ossia della facoltà di medicina e farmacia dello Stu-
dio padovano. Anche lo zio paterno Giovanni Giacomo ap-
partenne al ceto universitario, mentre il nonno Lazzaro partecipò attivamente a un'impresa editoriale; sicché il giovane,
sebbene illegittimo, poté formarsi in un ambiente familiare
agiato e colto. Amministrò per conto dei fratelli i beni fon-
diari della famiglia; di altre terre fu affittuario e condutto-
re in proprio. Ai margini di questa attività, nella quale è da
ricercarsi il primo contatto con il mondo contadino, non è
improbabile che il Beolco abbia esercitato in qualche modo
l'usura rurale, cioè quella forma di credito al più bisognoso
ceto agricolo, crollante sotto la spinta del nuovo capitalismo
fondiario, in cui studi recenti di impronta sociologica (M.
Weber, B. Nelson) tendono a riconoscere l'influsso del pensiero protestante e la nascita della moderna moralità finan-
ziaria (nella *Seconda Oratione* il Ruzante propone infatti di
considerare l'usura come una pratica non contrastante con
il proposito di migliorare le condizioni di vita e di lavoro
dei villici). Questi dati biografici, accertati dalle indagini
storico-erudite del Lovarini e dalle ricerche d'archivio, tut-
tora in corso, del Sambin e del Menegazzo, consentono di
dissolvere il ritratto del genialoide istintivo, vittima della
miseria e della sregolatezza, dietro il quale si avverte il *cli-
ché* dell'artista 'maledetto', elaborato, sulla traccia di vaghe
amplificazioni retoriche dei contemporanei (specialmente
dello Speroni), dai critici romantici del secondo Ottocento
(come Maurice Sand, figlio della scrittrice George), cui pure
si deve la riscoperta del nostro autore.

L'immagine dell'artista povero e disordinato contrasta
altresí con la notizia (anch'essa di scavo recente) del suo matrimonio con Giustina Palatino, figlia di un agiato giurista,
e con il dato della sua esistenza intorno al quale si ha il maggior numero di testimonianze: l'amicizia che egli contrasse
con il patrizio Alvise Cornaro, complessa figura di umanista
e di uomo d'affari, autore dei *Discorsi intorno alla vita sobria* e di scritti di architettura e di idraulica, politico in sfu-
mato e ambiguo contrasto con il gruppo dirigente dell'ari-
stocrazia veneziana (dal quale visse appartato, in una sorta
di esilio volontario a Padova); e tenace restauratore, sulla

eredità dello zio materno Alvise Angelieri, del proprio patrimonio, che egli ampliò in misura considerevole mediante una serie di oculati investimenti terrieri e di pionieristici lavori di bonifica. La casa padovana del ricco signore, quale ce la descrive il Vasari che ne parla nella *Vita* del Falconetto e quale si intravvede dietro i contratti e le carte notarili, riproduceva in miniatura l'ambiente di una piccola «corte» del Rinascimento; forse appena piú provinciale di quelle dei principi ferraresi, mantovani o urbinati, per i limiti di un privato che pure sapeva eguagliarli nei gusti e nei modi di vita. Vi passava la cerchia della cultura universitaria, dominata dall'aristotelismo riformatore del Pomponazzi e dal platonismo petrarcheggiante del Bembo (i cui echi si ritrovano a tratti nel pensiero ruzantiano), vi convergevano artisti e scienziati, vi comparivano gli intellettuali residenti e di passaggio a Padova. In questo ambiente raffinato, e tuttavia aperto alla comprensione dell'*humus* contadino fermentante nel tessuto sociale della città, il Beolco maturò la sua formazione artistica, favorito dal rapporto con spiriti a lui congeniali, come il Cornaro medesimo e l'architetto Giovanni Maria Falconetto, costruttore della bella Loggia eretta in un angolo del giardino circondante le case del patrizio, nella quale il Ruzante allestiva la rappresentazione delle proprie commedie, e dell'attiguo Odeon, destinato a trattenimenti vocali e musicali. È probabile che il 'luogo teatrale' di casa Cornaro (la loggia di pietra e le antistanti gradinate di legno, che venivano rimosse alla fine dello spettacolo) sia stato ispirato dalle esperienze scenotecniche ferraresi dell'Ariosto, con il quale il Ruzante fu in cordiali rapporti di lavoro; come è pure probabile che esso abbia costituito un modello, il cui ricordo è presente nell'Olimpico del Palladio.

Con alcuni dei suoi nobili amici – «huic ad recitandas comoedias socii scenici, et gregales, et aemuli fuere nobiles juvenes patavini» (Scardeone) –, il Ruzante formò la propria compagnia (una delle prime compagnie semi-professionistiche di cui si abbia il ricordo), con la quale, tra il 1520 e il 1526, fu spesso a Venezia (come attestano le ripetute notizie dei *Diarii* di Marino Sanuto), e partecipò, collaborando con l'Ariosto, a varie feste teatrali allestite presso la corte ferrarese tra il 1529 e il 1532. Ma fu soprattutto con il Cornaro che egli si intese: la loro amicizia, piú che ventennale (il Ruzante abitava a Padova nel palazzo del signore e lo accompagnava o lo sostituiva negli affari durante i soggiorni nelle ville di campagna), riposava su un comune sentimento della vita, aperto agli svaghi a contatto con la natura (il 'naturale' diverrà uno dei cardini della poetica ruzantiana), ai piaceri delle abbondevoli cacce e degli intimi conversari, alle gioie dei concerti di canto e degli spettacoli di teatro: sentimento che il Ruzante stesso idealizzò nel mito di Madonna Allegrezza, in una lettera-monologo all'amico e compagno d'arte Alvarotto, lettera che può considerarsi il suo testamento spirituale: intriso di un sentimento pieno e vitalistico dell'esistenza, ma insieme soffuso di una severa malinconia.

L'esperienza artistica del Beolco, sia sotto il rapporto tecnico-formale, sia sotto quello piú propriamente poetico, costituisce un episodio tra i piú rilevanti della storia del teatro, non soltanto italiano, del Rinascimento. All'interno della sua produzione drammatica giunta fino a noi (due commedie in versi, cinque commedie in prosa, tre «dialoghi», due orazioni, due lettere-monologhi e alcune liriche; altre opere sono andate disperse) è possibile cogliere, quasi in una sorta di concentrata anticipazione, l'intero arco di sviluppo del teatro italiano cinquecentesco nei suoi modelli e 'generi' peculiari. Dalla *Pastoral* (1519-20), vivace esperimento di innesto dei motivi dell'egloga letteraria nel clima parodistico di una arcadia rusticana, si passa, con la *Betía* (1522-25), alla ripresa dello schema del *mariazo*, dilatato fino a coincidere con la struttura di una commedia vera e propria. Era il *mariazo* (o 'maritaggio', altrove *mogliazzo*) una farsa in versi di argomento matrimoniale, diffusa a tutta l'area alto-italiana, con l'epicentro maggiore in Padova; gli esempi piú noti sono anonimi, ma è certo che gli autori di questi brevi componimenti, lungi dall'essere dei poeti 'popolari' nel senso romantico dell'aggettivo, appartenevano alla cerchia dei docenti e degli studenti universitari, dalla quale erano usciti, in quegli stessi anni, i primi poeti maccheronici. Poesia maccheronica e poesia dialettale sono gli aspetti bifronti, ma non divergenti, di un'unica realtà linguistico-culturale, della quale il Ruzante è, con il Folengo, uno dei rappresentanti piú significativi. L'impiego alternante del latino maccheronico e del dialetto pavano (l'antico padovano rustico) riflette, a diversi livelli stilistici, la reazione di determinati gruppi intellettuali al progressivo affermarsi nel Veneto della lingua e della letteratura toscane: fenomeno, questo, che pur iniziando verso la metà del Trecento e accentuandosi tra la fine del Quattro e il principio del Cinquecento, era ancora lontano dal sopravvento, operato definitivamente dal Bembo. Il Ruzante, nella *Betía*, contamina la polemica linguistica implicita nella *naturalité* contadina (naturalezza di azioni e di sentimenti, e soprattutto di linguaggio, contro le affettazioni fiorentineggianti) con la parodia letteraria (l'*Arcadia* del Sannazaro e gli *Asolani* del Bembo ne sono i bersagli emblematici) e con la rielaborazione di spunti e motivi della poesia giullaresca (il «contrasto» di sfondo sessuale, la caricatura del lamento funebre, la discesa a un inferno affollato di tormenti grotteschi e feroci). Alla *Betía* sembra seguire una pausa di raccoglimento, forse colmata da opere affini oggi perdute; dopo la quale il Ruzante abbandona il verso per la prosa e affronta, con i tre *Dialoghi*, la *Moscheta* e la *Fiorina* (1527-31?), il nucleo piú impegnativo e originale della sua produzione drammatica. Specialmente la *Moscheta*, il *Parlamento de Ruzante che iera vegnú de campo* e il secondo *Dialogo* (noti anche con i titoli moderni di *Reduce* e di *Bilora*) si configurano come un trittico imperniato sull'analisi delle reazioni psicologiche e sociali, che il contadino, uscito dal limbo del suo isolamento rustico, palesa al contatto dell'esperienza con le forme del mondo storico. La guerra, la paura, la miseria costituiscono il tema del *Parlamento*, un allucinante *recital* di Ruzante reduce dall'avventura militare (le guerre succedutesi nel Veneto tra la lega di Cambrai e la pace di Bologna sono una componente essenziale del teatro ruzantiano); la fame, l'umiliazione, l'incombere del mondo cittadinesco riaffiorano nel secondo dialogo (forse il capolavoro artistico del Beolco), dove il protagonista Bilora – una complessa figura di personaggio villanesco – non trova altra rivalsa che nell'assassinio del vecchio signore veneziano, colpevole di avergli portato via la moglie; e ancora il dramma dei contadini inurbati nella *Moscheta*, dove Ruzante è stretto in una rete di rapporti di necessità tra la moglie Betía, il compare Menato e il soldato bergamasco Tonin, entrambi amanti della donna; l'azione culmina in una scena in cui il protagonista, travestito da scolaro, cerca di provare l'onestà della moglie, rivolgendosi a lei in lingua fina, *moscheta* (onde il titolo della commedia). La *Fiorina*, anch'essa ambientata nella campagna padovana, rielabora in termini di stilizzata stringatezza lo schema primitivo del *mariazo*.

Con la *Piovana* e la *Vaccaria* (1532-33) il Beolco si volge all'esperienza (d'obbligo per ogni autore cinquecentesco) del teatro di imitazione classica (le due commedie sono liberamente derivate dal *Rudens* e dall'*Asinaria* di Plauto), accor-

tamente contaminandola con l'ispirazione rusticana che gli
era propria. Entrambe le commedie, malgrado la non origi-
nalità del soggetto, rappresentano un esempio molto acuto
di come si potesse interpretare il canone ormai esausto (o
nato morto) dell'imitazione, e costituiscono forse il risultato piú alto conseguito dal teatro italiano in questo settore.
Nella *Piovana*, che si svolge in un borgo di pescatori e di or-
tolani presso Chioggia, assistiamo a un processo di dialettiz-
zazione integrale del testo latino, che ben si accorda con la
poetica della *naturalité*, della naturalezza pavana in atti e in
parole (la commedia venne pedissequamente imitata dal Dolce); mentre nella *Vaccaria* scorgiamo un disegno piú artico-
lato, che tende a riorganizzare la materia del modello plau-
tino (tramite il filtro di un «volgarizzamento» anonimo) in
un diverso equilibrio di piani e di intenti, anzitutto sotto il
profilo linguistico (soltanto i servi si esprimono in dialetto;
i personaggi 'civili' usano l'italiano letterario). Non mancano nelle due commedie altre reminiscenze classiche (ampie
le contaminazioni con opere di Terenzio) e volgari (specie
dal teatro e dal poema dell'Ariosto).

Con l'*Anconitana* infine, opera di transizione della quale è controversa la posizione cronologica (un'ipotesi recente
del Padoan l'assegna a un periodo tardo, dopo il 1534), il
Ruzante offre l'anticipazione di ciò che sarebbe stato, cin-
quant'anni piú tardi, un tipico intreccio dell'Arte: entro la
fissità strutturale dello schema, in cui si alternano i mecca-
nismi canonici delle «parti serie» e delle «parti comiche»,
hanno ampio giuoco i languori degli innamorati, i maneggi
dei servi intermediari, i travestimenti e l'agnizione finale; di
particolare rilievo le parti di Ruzante e di Sier Tomao, nelle quali è già individuata una coppia di protomaschere che
diverranno tra le piú popolari nel teatro italiano dei secoli
successivi, lo Zanni e il Magnifico (o, se si preferisce, in area
veneta, i piú tardi Arlecchino e Pantalone). Il Calmo, il
Giancarli, il Negro e alcuni autori dei soggetti dell'Arte at-
tinsero non poco all'opera del Ruzante, il quale, anche sotto questo riguardo, può essere considerato un vero capo-
scuola; mentre sulle sue tracce si costituiva a Vicenza, nella
seconda metà del secolo, il circolo dei pavanisti lirici facen-
te capo a G. B. Maganza detto il Magagnò (1510-86).

Le canzoni, musicate da celebri compositori del tempo
come il Willaert e l'Azzaiuolo, ci svelano un Beolco delicato
e raffinato petrarchista sotto le apparenze del tono popolare; mentre le due *Orationi* ai cardinali Marco e Francesco

Cornaro (1521 e 1528) espongono, a guisa di «manifesti», i motivi ideologici della poetica (e della polemica) ruzantesca. Il 'naturale' è proposto come cardine nella vita e nell'arte, nel linguaggio e nei sentimenti. Di qui l'uso pressoché costante del dialetto (in prevalenza il pavano, affiancato qua e là dal veneziano e dal bergamasco), come elemento fondamentale per la caratterizzazione dei tipi; di qui la progressiva identificazione dell'attore Beolco con il proprio personaggio favorito, il villano Ruzante, che egli assunse da un cognome ancora diffuso nel contado padovano (specie nella zona dei colli Euganei), il cui etimo si connette probabilmente al verbo *ruzare*, 'sussurrare', 'brontolare', e anche 'parlare borbottando, in maniera non chiara' (e non, come il Beolco stesso tende ad accreditare in una scena dell'*Anconitana*, al piú comune *ruzzare*, che alluderebbe alla vivacità estrosa e lasciva del personaggio). E di qui, o piuttosto dalla difficoltà di lettura degli antichi dialetti, la contrastata «fortuna» dell'opera ruzantiana, che solo negli ultimi decenni ha trovato la sua adeguata valutazione critica e filologica ed è venuta ponendosi come uno dei momenti piú interessanti e ricchi di molteplici prospettive storico-culturali del nostro teatro rinascimentale.

La Moscheta. L'esplorazione del mondo psicologico dei contadini approda al suo piú complesso risultato in questa commedia, che rielabora la materia dei *Dialoghi* in un quadro ancora piú calcolato e sapiente. In apparenza, la vicenda si impernia su uno spunto novellistico, la storia del tradimento di Betía, che per non cedere alle lusinghe del compare (al quale è legata da una antica servitú sessuale), si dispone ad accettare le profferte che le fa il marito per tentarne l'onestà, travestito da forestiero, contraffacendo il proprio dialetto in lingua colta, raffinata, *moscheta* (di qui, come si è detto, il titolo della commedia); per darsi poi, per dispetto, a un soldataccio bergamasco che le ronza intorno, fino a quando l'astuzia e la forza del compare non avranno nuovamente ragione e del marito e dell'amante occasionale. La tematica dei *Dialoghi* – anche qui riducibile all'impatto degli istinti contro i diaframmi della vita urbana (e il motivo del villano inurbato è ancora un riflesso del contrasto tra la città e la campagna, che innerva da capo a fondo l'opera ruzantiana) – viene ripresa nella *Moscheta* allo stadio ulteriore delle sue motivazioni sociali, al livello di una argomentazione, per cosí dire, post-politica (se di una componente 'politica' si può parlare, e c'è da dubitarne, a proposito del *Parlamento* e del *Bilora*). Qui i personaggi sono ridotti alla pura economicità della loro natura, che scatta soltanto sulla molla del bisogno e del sesso; dietro le sembianze del comico, si cela un «teatro della crudeltà» tra i piú asciutti e oppressivi del repertorio del Rinascimento. È il momento massimo dell'autenticità, il punto in cui il Ruzante, per dirla con Marx, scopre veramente se stesso e shakespeareggia; se shakespeareggiare significa, secondo il concorde giudizio, rappresentare la genuina natura umana contro gli schemi convenzionali e la costruzione di personaggi secondo idee preconcette e modelli moralistici (l'espressione ricorre nella nota lettera al Lassalle del 19 aprile 1859 sul problema della tragedia rivoluzionaria; ora in parte ha gli *Scritti sull'arte* di K. Marx - F. Engels, a cura di C. Salinari, Laterza, Bari 1967, pp. 164-69). L'eredità della convenzione è arretrata sullo sfondo della vicenda fin quasi a venirne riassorbita (prologo, partizione canonica in cinque atti, unità di tempo e di luogo, ecc.); e tuttavia la lezione del nuovo teatro (si pensa soprattutto alle recite veneziane della *Mandragola*, alle quali quasi certamente il Beolco assistette) non deve essere rimasta senza influsso sulla struttura letteraria e sul mondo morale rappresentato nella commedia. L'impennata seria, o quanto meno la svolta nel clima tragico-grottesco dei due *Dialoghi* e della *Moscheta*, è troppo repentina per spiegarsi esclusivamente nella dinamica della evoluzione ruzantiana. Si tratta naturalmente di una ipotesi, da accogliersi come indicazione e riferimento; considerando che la sua verifica potrebbe condurre a una nuova affermazione del primato teatrale del Machiavelli.

LUDOVICO ZORZI

Bibliografia.

Opere: la prima silloge integrale delle opere ruzantiane è raccolta nel volume *Teatro*, a cura di L. Zorzi, Einaudi, Torino 1967 e 1969². Il volume contiene il testo ridotto alla miglior lezione sui manoscritti e sulle antiche stampe, la traduzione in italiano e un ampio corredo di note illustrative di vario genere. Ad esso si rimanda per la bibliografia pressoché completa (alla data della sua prima edizione) degli studi sul Ruzante (biografici, storici, critici e linguistici), nonché degli scritti complementari sull'argomento. Al volume farà seguito l'edizione critica, pure in preparazione a cura di L. Zorzi per l'editore Einaudi. La migliore stampa antica, tra le edizioni collettive succedute alle singole *principes* (dove mancano la *Pastoral* e la *Betía*, trasmesse esclusivamente da mss.), è la raccolta di *Tutte le opere*, stampata da Giorgio Greco a Vicenza nel 1584. La *Pastoral* fu pubblicata per la prima volta dal Lovarini, La Nuova Italia, Firenze 1951.

Critica: tra gli scritti piú recenti vanno ricordati anzitutto la raccolta degli scritti di E. LOVARINI, *Studi sul Ruzzante e la letteratura pavana*, a cura di G. Folena, Editrice Antenore, Padova 1965; indi C. GRABHER, *Ruzzante*, Principato, Milano-Messina 1953; M. BARATTO, *L'esordio di Ruzante*, nel volume *Tre saggi sul teatro*, Pozza, Venezia 1964, e, dello stesso, *Da Ruzante al Beolco: per la storia di un autore*, in «Atti del Convegno sul tema: *La poesia rusticana nel Rinascimento*» (Roma 10-13 ottobre 1968), Accademia Nazionale dei Lincei, CCCLXVI (1969), Quaderno n. 129, pp. 83-109; M. MILANI, *Note sulla lingua del Ruzante*, in «Atti dell'Istituto veneto di scienze, lettere ed arti», CXXII (1963-64), pp. 517-42, e, della stessa, *«Snaturalitè» e deformazione nella lingua teatrale del Ruzzante*, nel volume miscell. *Lingua e strutture del teatro italiano del Rinascimento*, Liviana editrice, Padova 1970, pp. 109-202; la «voce» *Ruzzante* di N. BORSELLINO nell'*Enciclopedia dello Spettacolo*, Editrice Le Maschere, Roma 1961, VIII, coll. 1342-49, e, dello stesso, *Gli anticlassicisti del Cinquecento*, § 53. *Ruzante*, Laterza, Bari 1973, pp. 91-120 (LIL 20). Altre indicazioni sono nel *Saggio di bibliografia ruzantiana* di L. ZORZI, nel «Bollettino del Museo Civico di Padova», XLIV (1955), pp. 165-88; si vedano, dello stesso, *Canzoni inedite del Ruzante*, in «Atti dell'Istituto veneto di scienze, lettere ed arti», CXIX (1960-61), pp. 25-74, e *Rassegna di studi teatrali (In margine a due recenti antologie venete)*, in «Lettere italiane», XIII (1961), pp. 335-63. Ricordiamo ancora la monografia di A. MORTIER, *Un dramaturge populaire de la Renaissance italienne – Ruzzante (1502-1542)*, Peyronnet, Paris 1925-26, tomi 2; l'antologia di R. VIOLA, *Due saggi di letteratura pavana*, Editoria Liviana, Padova 1948; indi il seminario di letteratura italiana diretto da L. Caretti, *La fortuna e l'opera di Angelo Beolco detto Ruzante*, Facoltà di Lettere della Università degli Studi di Firenze, 1968-69 (edizione ciclostilata); i saggi e i contributi di C. MUTINI, *Itinerari ruzantiani*, in «Bibliothèque d'Humanisme et Renaissance», XXXI (1969), pp. 283-320; di F. MASTROPASQUA - C. MOLINARI, *Ruzante e Arlecchino*, tre saggi sul teatro popolare del cinquecento, Studium Parmense, Parma s. d. [ma 1970]; di C. PERRUS, *Per una lettura di due «Dialoghi» del Ruzante*, in «Problemi», n. 19-20 (1970), pp. 874-78; di M. PROSPERI, *Angelo Beolco nominato Ruzante*, Liviana editrice, Padova 1970; di D. NARDO, *La «Vaccaria» di Ruzzante fra Plauto e Terenzio*, in «Lettere italiane», XXIII (1971), pp. 1-27; di J. OLIVEIRA BARATA, *Sulla cultura del Ruzante*, in «Atti dell'Isti-

XIV   BIBLIOGRAFIA

tuto veneto di scienze, lettere ed arti», CXXXI (1972-73), pp. 101-
137, e, dello stesso, *Ângelo Beolco, «O Ruzante»*, Um comedió-
grafo popular do Renascimento Italiano (1496-1542), Tese de Li-
cenciatura em Filologia Românica apresentada à Facultade de
Letras da Universidade de Coimbra, Coimbra 1973 (edizione ciclostilata). Fondamentali, tra gli ultimi scritti, le ricerche di E.
MENEGAZZO e P. SAMBIN, *Nuove esplorazioni archivistiche per
Angelo Beolco e Alvise Cornaro*, in «Italia medioevale e umani-
stica», VII (1964), pp. 133-247; IX (1966), pp. 229-385; e il con-
tributo cronologico di G. PADOAN, *Angelo Beolco: da Ruzante a
Perduoçimo*, in «Lettere italiane», XX (1968), pp. 121-200, del
quale sono da vedere altre *Note ruzantesche*, in «Lettere italiane», XX (1968), pp. 485-94; XXI (1969), pp. 448-70; XXII (1970),
pp. 100-5. Per una ricapitolazione della critica ruzantiana nel
quindicennio 1950-65, si vedano S. ROMAGNOLI, *Rassegna di studi ruzzantiani*, in «Belfagor», VII (1952), pp. 438-47; G. PULLINI,
Rassegna ruzantesca, in «Lettere italiane», VI (1954), pp. 90-95;
R. ALONGE, *Rassegna su Ruzante*, in «Lettere italiane», XVIII
(1966), pp. 69-92.

LA MOSCHETA

INTERLOCUTORI

[Un villano, che dice il prologo]
Menato, [villano]
Betía, moglie di Ruzante
Tonin, bergamasco uomo d'arme
Ruzante, [villano]
Donna, [una vicina]

[*La scena, come dice il prologhista, si rappresenta* «*a Pava, su sto borgo*», *ossia in un vecchio sobborgo della città, con portici bassi e tortuosi, dove sboccano alcuni vicoli e sono le case praticabili di Ruzante e Betía, di Tonin, di Menato e, piú discosta, quella della vicina*].

1 Ce n'è tanti che sempre fan meraviglie dei fatti altrui; voglio dire che cercano di venire a sapere ciò
   che fanno i loro vicini, mentre farebbero meglio tal-
   volta a badare a sé stessi. Perché io credo che sia cosí
   come vi dico: che quelli che vogliono vedere i fatti
   altrui, non ne hanno da fare di loro propri; o, se ne
   hanno, non li fanno. Eppure devono avere anche loro
   le brache impegolate; e poi vogliono sparlare degli
   altri!

2 E ci sono anche certe pettegole di donne, sempre,
   che come hanno visto uno e una a discorrere in compagnia, subito pensano che facciano qualcosa di male; e Dio sa come va a finire, e se vanno sparlando,
   poi; mentre farebbero meglio a tacere.

3 Mi è stato detto, come ora dirò io a voi, che da questa parte ci sta una donna maritata a un buon uomo
   di campagna, e che fa e che briga con questo e con
   quello. Io però non lo credo, perché credo che sia
   una donna per bene; perché tante volte ho provato
   anch'io delle altre donne, e non ne ho mai trovata
   nessuna di guasta.

4 E devo concludere col dirvi che sono convinto che
   siano tutte buone, perché sono state stampate tutte
   sullo stesso stampo e la loro natura è tutta allo stesso modo. E se anche ce n'è qualcuna che fa qualche
   cosa che non va, questo succede perché la sua natura
   la tira a far cosí.

5 Siamo cosí anche noi uomini, che abbiamo il nostro
   naturale che ci fa fare alle volte quello che non si
   dovrebbe; e se qualcuno ci dicesse niente di quello
   che abbiamo fatto, gli rispondiamo che è stata la natura che ci ha fatto fare cosí.

6 Ma chi canchero non sa che, quando a uno gli tira
   il naturale a innamorarsi, subito s'innamora? E può

PROLOGO

[*detto da un villano*]

1 El ghe n'è assè che sempre mè se smaravegia d'i fati
d'altri; a' dighe mo', che çerca de saere e intendere zò
che fa i suò' vesini; e sí farae megio tal fiè a guardar-
se igi. Perché mi cherzo che la sipie cossí co' a' ve digo: che chi vuò vêre i fati d'altri, n'ha da far d'i suò';
e se i ghe ha da fare, i n'i fa. E sí i dé avere an igi impegò le calze; e può i vuò dir d'altri.

2 E sí gh'è an de ste çerte petegole de femene, sempre,
che con le ha vezú un e una a favelar de brighè, de
fato le crê ch'i faghe male. E Dio sa con la va, e si 'l
va diganto, po; e sí farae miegio a tasere.

3 El m'è stò dito, con a' ve dirè mo' mi a vu, che de
chialòndena [*indica la casa di Betía e di Ruzante*] el
ghe sta na femena, mariè int'un bon om da ben da vi-
la, e che la fa e che la briga co questo e co quelo. E mi
a' no 'l crezo mo'; perché a' crezo che la sipia na femena da ben, mi, perché assè fiè a' he provò an mi
del'altre femene, e sí a' no gh'in troviè mè neguna de
guaste.

4 E con a' ve dighe rivar da dire, a' crezo che le sipia
tute bone, perché le è stà stampè tute in su na stampa, e la so natura è tuta a un muò'. E se ben el ghe
n'è qualcuna che faghe qualche cossa, l'è perché la so
natura ghe tira de far cossí.

5 A' seon cossí an nu uomeni, ch'aon el nostro snaturale che ne fa fare tal fiè quel ch'a' no fassàn; e se negun ne diesse niente de quel ch'aon fato, a' digon che
l'è stò la natura, che n'ha fato fare cossí.

6 Mo' chi cancaro no sa che con a un ghe tira el snaturale d'inamorarse, el s'inamora de fato? E sí el vuò

ben essere disgraziato, ma trova sempre qualcuna da
innamorarsene.

7   E in conclusione questo naturale è quello che ci fa
ficcare in un tal buco dove non ci ficcheremmo mai,
e ci fa fare anche quello che non faremmo mai.

8   Ditemi un poco, per la vostra cara fede, se non ci
fosse lui di mezzo, ma chi sarebbe mai così poltrone,
così disgraziato da innamorarsi di una sua comare e
da cercare di far becco un suo compare, se non ci
fosse di mezzo il naturale? E qual è quella donna
così miserabile che facesse male con suo compare e
che cercasse di far le corna a suo marito, se non fosse la sua natura che la tira a far così?

9   Ma anche voi, che pure siete saggi e scaltri, non sa-
reste già venuti qua, se non fosse stato il vostro naturale che vi ha tirato a venirci; e nemmeno noi faremmo ora questa filastrocca, qua a Padova, in questo borgo.

10 Che ci siate venuti, siamo contenti; ma, badate, ora
vogliamo che tacciate e che ascoltiate. E se vedeste
alle volte qualcuno di questi che faranno questa com-
melia... o commedia – ché non so ben dire – che non
andasse diritto con quel naturale che ci vuole, non
meravigliatevi, perché non son usi a far questo (ma
ci si andranno usando); e che andasse sparlando di
costei che sta qui in questa casa, e la vedeste fare
qualcosa che non vi piacesse, voi, siccome ve lo dirò
io prima, tacete.

11 Non vorrei poi neanche che credeste che io fossi
qualche chiacchierone che andassi impicciandomi dei
fatti altrui, perché io non l'ho mai fatto, questo. Se
io non ve lo dicessi, voi non lo potreste sapere; e io,
siccome è mio compito fare che lo sappiate e che tacciate, ve l'ho da dire. State attenti, dunque, che co-
mincio.

12 Verrà uno, il primo che verrà, la prima volta che
verrà, che non c'era mai stato, e sarà il primo che
verrà dopo di me. Verrà imprecando, lamentandosi...
Ma non credete mica che abbia perduto qualcosa: è
così perché è innamorato di una sua comare. Ma tacete, eh! che è venuto a star da poco qui in questa

ben essere desграziò, che 'l no se cate qualcuna da
inamorarse.

7   E in colusion, sto snaturale è quelo che ne fa ficare in
tal buso, ch'a' no se ghe fichessàn mè, e sí ne fa fare
an quelo ch'a' no fassàn mè.

8   Disí-me un puoco, per la vostra cara fé, se 'l no foesse elo, mo' chi serae mo' quelú sí poltron e sí desgraziò, che s'inamorasse int'una so comare, e che çercasse de far beco un so compare; se 'l no foesse el snaturale? Mo' qual è quela femena sí da poco, che fesse
male con so compare e che çercasse da far i cuorni a
so marío, se 'l no foesse la so natura de ela, che la ghe
tira de far cossí?

9   Mo' an vu, ch'a' si' pur saçente e scaltrí, a' no a' sessé
zà vegnú chialòndena, se 'l no foesse stò el vostro snaturale, che v'ha tirò de vegnirghe; gnan nu a' no fassàn sta filatuoria-chialòndena, a Pava, su sto borgo.

10 Ch'a' ghe supiè vegnú, mo' a' seon continti; mo', vî,
a' vogion ch'a' tasí e ch'arscoltè. E s'a' vessé qualche
fiè qualcun de quisti che farà sta comielia... o comie-
gia – ch'a' no sè ben dire – che n'andasse col so snaturale derto, no ve smaravegiè, perché i n'è usi a far
cossí (mo' gi andarà ben usandose-ghe); e ch'andasse
diganto de questiè, che sta chialòndena in sta cà [*indica di nuovo la casa di Betía*], che s'a' la veessé fare
qualcossa che no ve piasesse, perché a' ve 'l diré mi
inanzo, mo' tasí.

11 A' no vora' po gnan ch'a' cressé ch'a' foesse qualche
sbagiafaore, e ch'andasse çercanto i fati degi altri,
perché a' no l'he fato mè, questo. Se mi a' no 'l ve
diesse, vu a' no 'l possé saere; e mi mo', perché l'è el
fato me ch'a' 'l sapiè, e ch'a' tasè, a' ve 'l vuogio dire.
Mo' stè artinti, ch'a' scomenzo.

12 El vegnirà un, el primo che vegnerà, la prima fiè che
'l vegnirà, e 'l no gh'iera pí stò, e serà el primo che
vegnerà da po mi. El vegnerà sustando, malabianto...
Mo' no crî miga che l'aba perdú gnente; l'è perché l'è
inamorò int'una so comare. Mo' tasí, vî, che l'è vegnú a star da puoco chialò in sta cà [*indica la casa di*

casa. E lei, siccome la sua natura non poteva starse-
ne senza, se n'è intanto trovato un altro, un soldato,
un bergamasco, e anche lui è alloggiato di qua, in
quest'altra casa. Vedrete, vedrete che belle storie! E
vedrete anche che scapperà, questa traditora, in casa
del soldato.

13 E se vedeste che stessero per far questione, voi non
pensate di muovervi per separarli; perché noi contadini, quando siamo infuriati, daremmo nella Croce!
Dovete pur sapere che, quando dite le litanie, dite:
«A furia rusticorum libera nos, Domine».

14 Perciò non pensate a muovervi, e fate che ci sia un
silenzio, una quiete, che nessuno si senta. Perché
questa è la prima commedia che abbiamo fatta, e se
voi farete come vi ho detto, ne faremo delle altre,
e forse anche piú belle. E cosí in questo modo avrete
piacere voi e noi, e saremo tutti contenti.

15 Vi volevo ben dire non so che altro, ma me lo sono
dimenticato... E già sento quel tale che arriva lagnan-
dosi, che pare proprio disperato. Bisogna che mi tol-
ga di mezzo, perché potremmo venire a parole, ché
quello potrebbe credere ch'io stessi amoreggiando
con sua comare: e io, per non farle dare qualche botta, mi voglio tirare da parte.

16 Vi vorrei ben dire prima quel che mi sono dimenticato, e non me lo ricordo... Ah, ecco! è vero: volevo
dirvi che stiate fermi, seduti giú, fino a quando vedrete che andranno a far la pace, perché allora sarà
proprio finita.

17 Tacete, dunque, che m'inchino alle Vostre Reveren-
ze.

Menato]. E ela, perché la so natura no poea star senza, la se n'ha catò un altro, che giera soldò e sí giera
bergamasco, che an elo è alozò chialòndena, in st'altra cà [*indica la casa di Tonin*]. Ch'a' verí ben le bele
noele! E sí verí an che la muzerà, sta traitora, in cà
del soldò.

13   E s'a' vessé ch'i volesse far custion, no v'andè movanto per destramezare; perché nu contaíni, con seon
abavè, a' dassàn in la Crose. A' dî pur saere che quando a' dî letàgnie, che a' dî: «A furia rusticorum libe-
ramum Dominum».

14   E perzòntena no v'andè movanto, e fè che 'l ghe sipia
un silenzio, una çita, che no s'a' sente negun. Perché
questa è la prima ch'abiam mè fata, e si a' farí co'
a' v'he dito, a' in faron dele altre, e fuossi an pí bele.
E sí a sto muò arí piaser vu e nu, e sí a' saron tuti
continti.

15   A' ve volea ben dire no so che altro, mo' a' me l'he
desmentegò... E sí a' sento ch'a' 'l ven sustando, che
'l pare bel'e desperò. El besogna ch'a' me tuoga'via,
ché possàn far parole, che 'l porae crêre ch'a' smore-
zasse so comare; e mi, per no far⟨ghe⟩ dare qualche
crosta, a' me vuò trar da un lò.

16   A' ve vorae ben dire inanzo quel ch'a' m'he desmentegò, e no me l'arecordo... Ah, an, da vera: a' ve volea dir ch'a' stassé frimi, assentè zó, inchina ch'a' verí
che gi andarà a far pase, perché la serà rivà de fato.

17   Mo' tasí, adonca, ch'a' me rebute ale Vostre Rilien-
zie de vu. [*S'inchina rapido agli spettatori ed esce*].

1 Puttana d'una vita, sono proprio disgraziato. Credo di essere stato generato quando Satanasso si pettinava la coda. Dire che non ho mai riposo, né quiete, piú tormento, piú rabbia, piú rodimento, piú cancheri che avesse mai cristiano di questo rovescio mondo... L'è proprio vera, Menato. Canchero se l'è vera!

2 Ma, a dire la verità, non devo lamentarmi che di me stesso. Perché non mi dovevo mai innamorare di una mia comare, come ho fatto, né cercare di far becco un mio compare. Che maledetto sia l'amore e chi l'ha fatto, e suo padre e sua madre e la puttana dove è venuto a finire.

3 Mi ci ha ben tirato a Padova? E io ho lasciato buoi, vacche, cavalle, pecore, porci e scrofe, con tutto, per venire... dove poi? Dietro a una femmina. A far che, poi? Niente, ché non farò niente!

4 Poh, ma hanno pure una gran potenza, queste femmine, che tirano gli uomini dove vogliono loro, a nostro dispetto. Dice poi che c'è il libero arbitrio. Abbiamo il canchero che ci mangia, che meriteremmo una botta di maglio sulla nuca, a lasciarci governare a questo modo.

5 Io credo che mi abbia fatturato, o stregato... Che stregato? Se fossi stregato, sarei duro come se fossi morto. Ma non sono già a quel modo, sono fin troppo vivo, che scotto come fa una fornace di fuoco avvampato. Mi ha fatturato, cosí come mi vedete, che mi sento sempre da questo lato mancino un dolore, un incendio, un bruciore, uno stiramento, che mi par di avere dei fabbri che con due martelli facciano: tin ton! tin ton! che quando uno mena, l'altro alza. Potta del canchero, non menate piú, ché sono piú sbattuto che non fu mai la lana.

ATTO PRIMO

SCENA PRIMA   Menato solo

1   MENATO [*entrando, cupo*]   Putana mo' del vivere, mo'
a' son pur desgraziò. A' crezo ch'a' foesse inzenderò
quando Satanasso se petenava la coa. A dir ch'a' n'abi
mè arposso né quieto, pí tromento, pí rabiore, pí ro-
segore, pí cancari ch'aesse mè cristian del roesso mondo... Mo' l'è pur an vera, Menato. Cancar'è ch'a' l'è
vera!

2   Mo' a dire an la veritè, a' no m'he gnan da lomentare
lomé de mi. Perché a' no me diea mè inamorare in-
t'una mia comare, con a' he fato, né çercar de far beco
un me compare. Che maleto sea l'amore, e chi l'ha
impolò, e so pare e so mare e la putana on' l'è vegnú
ancuò.

3   Me gh'ha-l mo' tirò a Pava? E sí a' he lagò buò, va-
che, cavale, piègore, puorçi e scroe, con tuto, per vegnir, onve mo'? Drio na femena. A far che, po?
Gnente, ch'a' no faré gnente.

4   Poh, mo' le ha pur la gran potienzia, ste femene, che
le tira gi uomeni don' le vuò ele, al so despeto. Dise
po cha gh'è libro arbítro. A' gh' 'on el cancaro ch'a'
ne magne, ch'a' meritessàn na magia drio la copa, a
lagarse goernare a sto muò'.

5   Mi a' crezo ch'a' la me abia afaturò, o inorcò... Che
inorcò? S'a' foesse inorcò, a' sarae duro con a' foesse
morto. Mo' a' no son zà a quel muò'; a' son pur mas-
sa vivo, ch'a' scoto con fa na fornasa de fuogo im-
bampà. La m'ha afaturò, cossí co' a' son chí, al muò'
ch'a' me sento mi sempre mè da sto lò zanco una duo-
gia, un inçendore, un brusore, un strapelamento, ch'i
par fàveri che con du martiegi faghe: tin ton! tin ton!

6 Son quasi morto... Ma sí, morirò, schiatterò, che sento ben io che son tutto fuoco. Sí, sí, un fuoco che
   svampa nella pancia, lo sento ben io che mi batte il
   cuore, i polmoni, con tutto il resto. Sí, non lo vedi?
   Guarda qua il fumo che mi vien fuori dalla bocca!
7 O Dio, o Dio, aiutami! Non attizzar piú, che il canchero ti mangi! Non vedi che mi si scioglierebbe del
   vetro nella pancia, tanto fuoco c'è?
8 Ma con chi parli, disgraziato? Non vedi che sei tu solo qui? Taci, Menato, taci! Non ti struggere di piú.
   Senti, fa' come ti insegnerò io. – Beh, che vuoi che
   faccia? – Va' un po' a vedere se ti riesce di parlarle.
   Forse, benché... che so io? – ti potresti accordare con
   lei. Se lei volesse che tu fossi come eri prima, non
   avresti il tuo contento?
9 Un cuore mi dice: «Fàllo», e un altro mi dice:
   «Non lo fare». Ci voglio andare, ché se anche mi di-
   sperassi e volessi morire, quando fossi morto, avrei
   finito di stare al mondo. E non potrei nemmeno esser
   pentito di esser morto, lo so anch'io.
10 O canchero! e se invece fosse, come si dice, propensa
   a starci? Fin d'ora non cambierei la mia vita con Orlando. E poi, anche se lei non vorrà fare, come si dice... puh! puh! me ne andrò come un disperato, ra-
   mingo per il mondo, dovessi andare fin laggiú nel
   Ferrarese.
11 Voglio pensare a ciò che le devo dire. Voglio provare
   a dirle: «Vedete, comare, guardate qua. Io, come si
   dice, vi ho sempre dimostrato di volervi bene, e di
   bene in meglio ve lo saprò dimostrare, purché una
   volta, come si dice...» Eh, saprò ben dire! Il guaio è
   solo se trovo mio compare a casa... Ma sí, troverò
   qualche scusa.

12 «Trista quella musa
   che non sa trovar una scusa».

13 Su, voglio andare.

che co' uno mena, l'altro alze. Pota del cancaro, no
menè pí, ch'a' son pí sbatú che no fo mè lana.

6 A' son squaso muorto... Poh sí, a' moriré, a' sganghi-
ré, ch'a' me sento ben mi ch'a' son tuto fuogo. Sí, sí,
sí, che l'è imbampò in la panza, ch'a' sento ben mi
che 'l me bate el cuore, el polmon, con tuto. Sí, no
vi-tu? Guarda qua el fumo ch'a' me ven per la boca!
[*Guarda il fiato che gli esce dalla bocca*].

7 O Dio, o Dio, agie-me! No stizar pí, cancaro te magne! No vi-tu ch'a' me se descolerae vero in la panza,
da tanto fuogo?

8 [*Pausa; si riprende*] Mo' con chi favieli-tu, desgraziò?
No vi-tu che ti è ti solo chialò? Tasi, Menato, tasi!
No te desconír pí. Aldi, fà co' a' t'insegnerè mi. – Ben,
che vuò-tu ch'a' faghe? – Mo' và ví s'te ghe può favelare, a ela. Fuossi, benché... – che sè-gi mi? – che
te t'acordarissi co ela. Se la volesse che te foíssi com
te foíssi mè, n'aris-tu el to contento?

9 Un cuore me dise: «Fà-lo», e n'altro me dise: «No
fare». A' ghe vuò anare; ché, s'a' me desperasse ben,
e ch'a' volesse morire, co' a' foesse morto, a' sarae
deroinò del mondo. E sí a' no porae gnan esser gramo
d'esser morto, a' 'l sè an mi.

10 O cancaro, se la foesse mo' con dise questú... inchín
da mo' a' no cambierae la me vita con Rolando. E po,
an se la no vorà fare con dise questú... [*sputa*] puh!
puh! a' vuò anar a muò' un desperò, malabianto per
lo mondo, s'a' diesse ben anar infina sul Ferarese.

11 A' me vuò impensare zò che ghe dego dire. A' vuò
dire na fià: «Vî, comare, guardè qua. Mi, con dise
questú, a' v'he mostrò sempre de ben volere, e de ben
in miegio a' ve 'l mostreré, purch'una fiè, co' dise
questú...» A' saré ben dire! L'è lomé se cato me compare a cà... Mo' che? A' cateré qualche scusa.

12   «Trista quela musa
      che non sa catar na scusa».

13 Orsú, a' vuò anare. [*Si avvia deciso verso la casa di
Betía*].

14   Pire, pire, pire! Madre santa, dove diavolo saranno
     andate queste galline? In casa non ci sono. Pire, pi-
     re!

15   Dio v'aiuti, comare. Che è di mio compare?

16   Non so dove sia andato, in fede mia. Salute!

17   Orbene, state a Padova, voi, siete diventata una gran
     signora; siete diventata, come si dice, cittadina. Non
     si può piú, come si dice, canchero...

18   Sono quel che sono, sono fatta come mi vedete. Se
     sto a Padova, voi continuate a star di fuori.

19   Certo che ci sto, ma, come si dice, per forza ci sto. E,
     credetemi, quel che prima mi sembrava saper di buo-
     no, ora mi puzza. Ché quando vado per quei campi e
     passo dove stavamo voi e io a discorrere in compa-
     gnia, e dove io vi spiavo, e trovo quel noce dove vi
     sgherigliavo le noci di luglio, al sangue di san Lazza-
     ro, mi sento venire una smania, un affanno, che mi
     disfaccio, come fa il sale nella minestra. E perché?
     Per vostro amore, giudeaccia che siete contro vostro
     compare. Ma sí, canchero, è piú di un'ora che vado
     smaniando qua attorno, per vedere se vi potevo par-
     lare.

20   Ora mi avete parlato. Che volete da me?

21   Eh, che vorrei, eh? Vorrei... sapete che vorrei? Vor-
     rei che mi voleste bene, e che mi aiutaste, come sole-
     vate fare per il tempo passato.

22   Perché volete che vi aiuti, se non vedo nessuno che
     vi minacci?

23   Se non vedete voi, sento ben io, ché si fanno ben sen-
     tire loro. È piú di un'ora che mi pare di avere dei
     fabbri che mi battono nella pancia, che sono piú rot-
     to che non è vetro pesto, e per voi, giudea patarina!

SCENA SECONDA Menato e Betía

14 BETÍA [*esce di casa con un cesto al braccio e chiama le galline*] Pire, pire, pire! Mare, on' sita sarà mo' an- dè ste galine? Le n'è zà gnan in casa. Pire, pire!

15 MENATO [*salutando*] Diè v'agia, comare. Ch'è de me compare?

16 BETÍA [*brusca*] A' no sè do' 'l sia andò, ala fé. Sanitè.

17 MENATO Orbéntena, a' stè a Pava, vu, a' si' deventà gran maístra! A' si' deventà, co' dise questú, çitaína. El no se pò pí, co' dise questú, cancaro!...

18 BETÍA A' son quel ch'a' son, a' son sí fata co' a' me vî. S'a' stago a Pava, e vu stè de fuora.

19 MENATO A' ghe stago per çerto; mo', co' disse questú, per forza a' ghe stago. Mo' cri' che quel che me solea olire, me puza. Ché co' a' vago per qui campi, e ch'a' vegno do' a' stasívimo vu e mi a rasonare de brighè, e don' a' ve spiociava, e che cato quela nogara don' a' ve sgaregiava le nose lugieghe, al sangue de San La- zaro, a' me sento a vegnire na smagna, un strapela- mento, ch'a' me desfago, con fa sale in menestra. E perché? Per vostro amore, zodiaza ch'a' si' contra vostro compare! Poh sí, cancaro, l'è pí d'un'ora ch'a' vago smanianto de chialò via, per vêre s'a' ve poea favelare a vu.

20 BETÍA [*asciutta*] A' m'aí mo' favelò. Che volí-u da mi?

21 MENATO Poh, ch'a' vora', ah? A' vora'... saí ch'a' vo- ra'? A' vora' che me vossé ben, e ch'a' m'agiassé, co' a' solivi fare per lo tempo passò.

22 BETÍA [*ironica*] A che volí-vu ch'a' v'agiaga, ch'a' no vego negun ch'a' ve daghe?

23 MENATO Mo' s'a' no vî vu, a' sento ben mi, ch'i me fa ben sentire igi. Che l'è pí d'un'ora ch'i par fàveri che me sbate in la panza, ch'a' son pí roto che no fí vero pesto – e per vu, zodía patarina!

24 A dirvi la verità, che volete che vi faccia, caro com-
    pare?

25 Quel che si deve fare a chi ci è servitore, comare ca-
    ra.

26 A dirvela in una parola, compare, non voglio piú es-
    ser matta come sono stata con voi; mai piú, per tutta
    la vita, né in casa di mio marito.

27 No, in questo non vi do torto. Ma sentite, comare:
    scappate via con me.

28 Mi venga piuttosto una saetta che mi fulmini! Non ci
    fu mai nessuna del mio parentado che andasse via
    con nessuno. Voglio poter guardare i cristiani in fac-
    cia, io. Andate pure per i fatti vostri, ché mai piú,
    compare... mai piú, per sempre.

29 Mai piú, eh? Vi fa buona compagnia mio compare?

30 Credo bene di sí. E bisogna bene che me la faccia,
    ché, se mi facesse tanto cosí di torto, sarei capace di
    lasciarlo, e non mi godrebbe mai piú.

31 Vedete, comare, se decideste di lasciarlo, a un mini-
    mo avviso ch'io n'abbia, con cento uomini tutti da
    forca vi verrò a portar via fino da casa.

32 Non mi mancherà mica dove andare, se vorrò, che ne
    ho almeno un centinaio, che non sono figli della pau-
    ra: voglio dire, soldati.

33 Mai piú, eh? Dite davvero, cara bella dolce comare?

34 Già, ve ne farò una carta scritta. Avete voglia di
    chiacchierare, è vero? Chiacchierate per vostro conto,
    compare.

35 Sentite solo questa, comare! Sentite, canchero! O co-
    mare? O fantasia di femmine! Me ne sono bene ac-
    corto dal suo parlare che mi ha rifiutato. È proprio
    come una foglia, che non ha stabilità. «Mai piú, mai
    piú...» Puttana d'una vita! Ma quante volte mi dice-
    va – non te lo ricordi? – che io ero la sua radice, il
    suo contento, il suo consiglio, il suo conforto, e che

24 BETÍA   A dir-ve la veritè, che volí ch'a' ve faghe, caro
compare?

25 MENATO   Com se de' far a quigi che gh'è serviore, comare cara.

26 BETÍA   A dir-ve-la int'una parola, compare, a' no vuò
pí esser mata co' a' son stò con vu: mè pí in vita d'a-
gni, né in cà de me marío.

27 MENATO   No, de questo a' no ve daghe incontro. Mo'
aldí, comare: muzè via con mi.

28 BETÍA [con sdegno]   Mo' me vegne inanzo la sita che
m'acuore! El no ghe 'n fu mè neguna del me parentò
ch'andaesse via con negun. A' vuò poere guardar i
cristiagni per lo volto. Andè pur fè i fati vuostri, che
mè pí, compare... mè pí, che mè n'ha fin!

29 MENATO [sarcastico]   Mè pí, an? Ve fa bona compagnia
me compare?

30 BETÍA   A' crezo ben de sí. El besogna ben anche che 'l
me la faghe; ché, se 'l me fesse tanto de roesso [mo-
stra la punta di un dito], a' sofrirae a tuor-me via da
elo, che 'l no me galderae mè pí.

31 MENATO   Vî, comare: co' a' ve tossé via da elo, agno
puo' de messetelo ch'abie, con çento uomeni tuti da
palo a' ve vegneré a tuor-ve d'inchiná a cà.

32 BETÍA   El no me mancherà miga don' anare, s'a' voré,
ch'a' he ben çento che n'è figiuoli de paura: a' dighe,
soldè. [Accenna alla casa di Tonin].

33 MENATO [confuso]   Mè pí, an? Disí da vera, cara bela
dolçe comare?

34 BETÍA   Moa, a' v'in faré na carta. Ai vuogia de sfiabeza-
re, n'è vera? Sfiabezè a vostra posta, compare! [Rien-
tra in casa e chiude].

35 MENATO [la insegue]   Aldí lomé questa, comare. Aldí,
cancaro! [Batte all'uscio] O comare? [Solo] O fantasia de femene! A' me n'he ben adò al so faelare che la
m'ha refuò. L'è pruopio com'è na fuogia, che n'ha
stabilitè. [Imita la voce di Betía] «Mè pí, mè pí!...»
Putana del vivere! Mo' quante fiè la me diea – no te
l'arecuordi-tu? – che mi a' giera la so raisuola, el so
scontento, el so consegio, el so sconforto, e che in vi-

per tutta la vita lo sarei sempre stato. Che m'avresti
avuto nel cuore; e che quando mangiavi mi vedevi
nel pane, e quando bevevi mi vedevi nella scodella.
E adesso tu dici che mai piú...? Eh, comare, che stra-
ne parole sono queste! O comare, pensateci, comare!

36 Povero me! Me l'ero trovata con poca fatica. Dicono
ben vero, che ci vuol poco a trovarsi un amico, ma ci
vuol molto a saperlo tenere.

37 Ma che canchero ti ho fatto? Disgraziato che sarò
sempre per tuo amore, giorno e notte. Potessi almeno levarmiti dall'animo; che quando mi ricordo di
quegli occhi lucenti come specchi, di quei denti pro-
fumati come una spezia, di quei denti bianchi come
il ravanello... – Non dir di piú, Menato, non dir di
piú, che mi sento venire di mille colori, il sangue mi
bolle come fa l'agosto una tinozza di mosto. Abbi
giudizio, Menato.

38 Eh sí, non mi voglio nemmeno disperare. Ha pur
detto che al primo torto che le faccia Ruzante mio
compare, scapperà via da lui. Lo voglio metter su,
che gliene faccia una bella; e lei per dispetto non ci
vorrà piú stare, e io la piglierò con me, e poi farò
tanto e tanto, che tornerà a stare con lui; e io reste-
rò, come si dice, «domino dominante».

39 Voglio andare a vedere se lo vedo.

40 Orbene, il mestiere del soldato sarebbe il piú bel mestiere che ci fosse, per due ragioni – se non ci fossero
due cose: il dover menar le mani e l'essere obbligato
alle fazioni –, se corresse ogni trenta giorni la paga, e
si potesse stare negli alloggiamenti a spassarsela. O
canchero, che bella vita sarebbe!

41 Venga il canchero ai tedeschi e ai francesi! Adesso
che mi ero innamorato di una mia vicina, ed ero lí lí
per avere il mio contento, mi è stato dato l'ordine di
cavalcare in campo entro otto giorni. Orsú, pazienza.

ta d'agni a' seré sempre mè; che te m'arissi in lo cuore; e che con te magnavi, te me vîvi in lo pan, e con
te bevivi, te me vîvi in scuela. E adesso te di' che mè
pí? Eh, comare, che stragne parole è stè queste! O
comare, pensè-ghe, comare!

36   Puovero mi! A' me la catiè pure con puoca faíga. I
      dise ben vero che l'è puoco a catarse n'amigo, mo' l'è
      ben assè a saerlo tegnire.

37   Mo' che cancaro t'he-gio fato? Desgraziò ch'a' saré
      sempre mè, per to amore, dí e note. Mo' me te poesse
      almanco tuore d'anemo; ché, con a' me recordo de
      quigi vuogi lusinti co' i spiegi, de qui dente liosi co'
      è na speciaría, de qui dente de ravolò... – No dir pí,
      Menato, no dir pí, ch'a' me sento vegnir de mile co-
      lore, el sangue me bogie co' fa l'aosto un tinazo de
      mosto. Abi çilibrio, Menato.

38   Eh sí, a' no me vuogio gnan desperare. L'ha pur dito
      ch'agno puo' de noela ch'a' ghe fa-ghe Ruzante me
      compare, che la muzerà via da elo. A' 'l vuò meter su,
      che 'l gh'in faghe na bela; e ela per despeto no ghe
      vorà pí stare, e mi a' la scaperé su, e sí a' faré po an
      tanto, tanto, che la tornerà po con elo. E po mi a'
      saré po, con dise questú, «domino dominanto».

39   A' vuò anare vêr s'a' 'l vezo.

SCENA TERZA   Tonin solo

40   TONIN [*entrando*]   Orbé, ol saref pur ol mester d'ol sold
      el plú bel mester che foss, per do rasò – [*a bassa voce*]
      se 'l no foss do cosi: ol menà d'i mà e l'esser obligat
      a fà i faciò –; se 'l corís ogna trenta dí el so daner, e
      che 's stess sui lozameǧ a sguazà. O cancher, che vita
      gloriosa!

41   Vegni ol cancher ai todeschi e ai franzós! Ades ch'a'
      m'eri inamorat int'una me vesina e ch'eri per doví
      aví ol me content, a' 'l m'è stà fag u comandamet

42 Voglio drizzar l'ingegno, e veder di fare un bel trat-
    to: o dentro o fuori. Voglio andar tanto in su e in
    giú davanti alla sua porta, finché lei venga fuori; e
    allora voglio sfogarmi un tratto, almeno a parole. Se
    non le potrò far altro, le voglio dire: «Donna Betía,
    parto. Ricordatevi che le armi e i cavalli e l'uomo so-
    no al vostro comando; e nelle altre cose voglio che
    mi possiate adoperare né piú né meno che se fossi vo-
    stro marito».

43 Voglio farmi animo. Voglio andare a battere all'u-
    scio; e sí, voglio andarle in casa, io. E se venisse
    qualcuno che mi dicesse qualcosa, sono un valentuo-
    mo, menerò le mani, io. – Fatti animo, Tonin. Non
    lo fare, Tonin; ti potrebbe succedere qualche imbro-
    glio, qualche inconveniente. – Ci voglio andare, san-
    gue del dieci! Che sarà mai? Che mi può succedere?
    – Torna indietro, Tonin, che per Dio, per Dio, po-
    trebbe esserci nascosto qualcuno in casa e saltar fuo-
    ri all'improvviso e tirarti giú un braccio. E poi do-
    vrei correre, con la lancia nel culo! Il padrone poi,
    quando lo sapesse, l'avrebbe per male. Per amor del
    mio padrone non ci voglio andare, ché non voglio
    perdere un uomo di quella fatta...

44 Eh sí, ci voglio andare, sangue del canchero!

45 Uh, mi avete fatto mancare il cuore.

46 Mancare il cuore? A me non potrebbe mancare, per-
    ché non l'ho piú.

47 E dov'è andato?

48 È nel vostro seno, visetto mio tonderello.

49 Non ho il cuore di nessuno, io. Anche le zoppe tro-
    vano marito.

ch'in termen d'ot dí a' 'm debi cavalcà in campo. Orsú, pacezia.

42 A' 'm vòi drizà l'inzegn, e sí vòi vedí de fà u bel traǧ,
o deter o fo'. A' vòi andà tant in sus e in zos denàǧ
ala so porta, tant che la vegni fo' una fiada; e sí a' 'm
vòi sborà u traǧ, almanch de paroi. S'a' no 'gh porò
fà oter, a' 'gh vòi di': «Dona Betía, a' vaghi. Arecor-
dèf che i armi e i cavai e l'om è al vos comand; e in li
oter cosi a' vòi ch'a' 'm possè dovrà né plú né manch
con s'a' fuss vos marit».

43 Vòi fà u bó anem. A' vòi andà a bater al'us; e sí vòi
andà in cà, mi. E se 'l vegness vergú, che 'm disess
negot, a' so' u valent'om, a' menarò i mà, mi. – Fà
un bo anem, Toní. [*Esitando*] No fà, Toní, el te poref
intervegní qualch garboi, qualch inconveniet. – A'
'gh vòi andà, al sang do des! Che sarà ma'? Che 'm
può intravegní? – Torna indrè, Toní, che per Dè, per
Dè, a' 'l poref es ascos qualcú in casa, e saltà fo' a
l'improvis, e tirat zó u braz. A' coraref po, la lanza
ind'ol cul! El patrò po, co' 'l lo savíss, el l'aref per
mal. [*Si allontana*] Per amor dol me patrò a' no 'gh
vòi andà, ch'a' no 'm vòi privà d'un om sí faǧ...

44 Eh sí, a' 'gh vòi andà, al sang dol cancher! [*Si volta
di scatto e va risoluto verso l'uscio*].

SCENA QUARTA   Betía e Tonin

45 BETÍA [*apre in quel momento l'uscio, con il cesto sotto
il braccio, e arretra spaurita portando una mano al
petto*   Uuh! A' m'aí fato morire el cuore.

46 TONIN   Morí el cur? A mi no morirà 'l zà, ché no l'ho.

47 BETÍA   Mo' onv'è-lo andò?

48 TONIN   A' l'è lu ind'ol vos se', viset me tondarel.

49 BETÍA   A' n'he cuor de negun, mi. [*Si commisera con
compiacenza*] An dele zote va a marío.

50 Sangue del canchero! com'è possibile questo, che
    bellezza e crudeltà stiano insieme? Ho visto ai miei
    giorni uomini e donne di ogni sorta, ho visto buoi,
    vacche, cavalli, scrofe, porcelli e asini, e mai non so-
    no riuscito a innamorarmi, se non di voi, cuoricino
    mio dolce, tanto che ho di che sospirare amaramente.
    Canchero, siete proprio bella, siete tutta rilucente.

51 Uh, non sono neanche la metà di quel che ero una
    volta; sono deperita. Mi ricordo che se uno che ave-
    se avuto le unghie lunghe me le avesse sfregate intor-
    no, non mi avrebbe graffiata, tanto ero soda. Fossi
    cosí adesso, vi sembrerei tutt'altra cosa, magari! Vi
    giuro, per i santi vangeli, che sembrerei un secchiello
    appena lustrato, tanto mi brillava la pelle.

52 O Dio, sarei pur fortunato, se mi voleste un po' di
    bene.

53 Ma chi vi vuol male? Non voglio male a nessuno, io.
    Non vi voglio male, io, no, in fede, signor Tonin.

54 No? Io vorrei che v'entrasse un po' del mio amore
    nel vostro seno, visetto mio tonderello; che anche
    voi provaste come mi ritrovo pieno di triboli, di af-
    fanni e d'imbrogli, che mi vanno al cervello, per
    amor vostro.

55 Voglio dirvi la verità, io. Voi non siete per me, mes-
    sere, né io sono per voi.

56 Mi rifiutate come un poltrone, dunque? Mi avete ri-
    fiutato, e sí che sono quattordici anni che faccio que-
    sto mestiere.

57 Non voglio dir questo, io. Dico che non siete del mio
    braccio...

58 Cara donna Betía, saremo dello stesso braccio, se ci
    abbracciamo!

59 Vi dico che non voglio.

60 Che devo fare dunque?

61 Fatela in brodo, perché tutti n'abbiano.

62 Non so come mi devo regolare. Se fossi in un fatto

50 TONIN   Al sango dol cancher! Com è possibél quest,
che beleza e crudeltà staghi insema? Ho vedut ai me
dí uomegn e fomni d'ogni generaziò, gh'ho vedut bò,
vachi, cavai, scrovi, porçei e asegn, e mai no m'ho
possút inamorà, se no in vu, coresí me dolzo: talmet,
ch'a' possi bé di' amaramet. Oh, cancher, a' si' pur
bela, a' si' pur tuta relusenta.

51 BETÍA [*schermendosi*]   Uuh, a' no son gnan la mitè de
quel ch'a' solea essere, a' son desvegnúa. Che a'
m'arecorde che 'l n'aré besognò che un, ch'aesse abiú
le ungie lunghe, m'aesse freghezò d'intorno, che 'l
m'arae sfendúa, sí gieri-gi frisia. Foesse cossí adesso,
el ve parerae ben pí da novo, magari; ch'a' ve zuro,
per sti santi de Guagnili, ch'a' parae un segielo che
foesse stò fregò da fresco, cussí me lusea la pele.

52 TONIN   O Dè! A' saref pur aventurat, se 'm volissef un
po' de bé.

53 BETÍA   Mo' chi ve vuol male? A' no vuò male a negun,
mi. A' no ve vuò male, mi, ala fé; no, ala fé, sier
Tonin.

54 TONIN   No? A' voref che 'l v'intress un poch dol me
amor ind'ol vos se', viset me tondarel; che aca vu
provessef com a' 'm retrovi plè de tribulaziò e afagn
e d'intrigameǧ, che 'm va per ol çervel, per amor vo-
ster.

55 BETÍA [*con finta umiltà*]   A' ve diré la veritè, mi. A' no
si' per mi, messere, né mi son per vu.

56 TONIN   A' 'm refudèf per poltrò, doca? [*Si finge offeso
e stupito*] A' m' 'í refudàt, e sí è quatordes agn che
fazi sto mester.

57 BETÍA   A' no dighe cossí, mi. A' dighe ch'a' no si' da
me brazo...

58 TONIN [*cercando di abbracciarla*]   Cara dona Betía, a'
sarem pur da braz, se s'abrazem!

59 BETÍA [*sfuggendogli*]   A' dighe ch'a' no vuò.

60 TONIN   Che debi doca fa?

61 BETÍA [*ride e ammicca con malizia*]   Mo' fè in bruò,
perché agnun n'abie.

62 TONIN   A' no so com a' 'm debi governà. S'a' foss in u

d'arme, o in una scaramuccia, mi saprei regolare, perché menerei le mani...

63 Chi mena le mani, si aiuta...

64 Vorrei una grazia da Domineddio, e poi sarei contento per un pezzo.

65 E anch'io ne vorrei un'altra...

66 Che vorreste, visetto mio bello?

67 E che vorreste voi?

68 Ditelo prima voi...

69 No, ditelo prima voi, signor Tonin.

70 Vorrei essere un cesto, che adesso che andate a dar da mangiare alle galline, mi terreste il manico in mano. E voi che vorreste?

71 E io vorrei che quel che tocco diventasse polenta sul fatto.

73 Andate via, andate via, che viene Ruzante!

fat d'armi o int'una scaremuza, a' 'm saref governà,
perché a' menaref i mà... [*Agita le mani, facendo di
nuovo l'atto di abbracciarla*].

63 BETÍA [*invitante*] Mo' chi mena le man, s'agiaga...

64 TONIN [*le mette le mani addosso, e Betía questa volta
non si rifiuta*] A' voref una grazia da Domenedè, e
po saref contet per u pez.

65 BETÍA E an mi ne vorae n'altra...

66 TONIN Che voressef, viset me bel?

67 BETÍA Mo' che vossé-vu vu?

68 TONIN Mo' disí 'l in prima vu...

69 BETÍA Mo' dî-lo pur inanzo vu, sier Tonin.

70 TONIN A' voref es u cest, che ades che andè a dà da
mangià ai galini, a' 'm tegnissé ol manegh i' mà. E vu
che voressef?

71 BETÍA E mi a' vorae zò che toco doventasse polenta
de fato!

[*Ridono entrambi, sempre abbracciati. In questo si
ode la voce di Ruzante, che si avvicina cantando*].

VOCE DI RUZANTE

72   «Una volta – ch'a' fosse çerto,
        de buon cuore – che te m'amassi...»

73 BETÍA [*sciogliendosi, agitata, a Tonin*] Tuolí-ve via,
tuolí-ve via, che 'l ven Ruzante! [*Rientra in casa*].

[*Tonin si allontana*].

SCENA QUINTA   Ruzante solo

74 RUZANTE [*entra in scena continuando a cantare e accen-
nando passi di danza*]
        Darondela dan dan,
        diridondela, tirirela, tirirela...

75 Canchero, sono proprio allegro! Sono tanto allegro
che la camicia non mi tocca il culo. Ho guadagnato
tanti soldi, che mi potrei comprare un mezzo bue. O
canchero, sono proprio cattivo, sono proprio uguale
ai ladri, l'ho pur incastrato, quel soldato bergamasco! Mi aveva dato dei denari, perché li portassi a un
tale; e io ho fatto finta – o canchero, sono furbo davvero! – ho fatto finta che uno mi abbia tagliata la
borsa e si sia preso su i marchetti. E invece me li sono tenuti pro nobis. Comunque, Dio sa in che modo
li ha guadagnati anche lui.

76 O canchero, l'ho pur incastrato, io, lui, che è soldato e che per questo si dà tante arie. Poh sí, bel soldato! E io l'ho incastrato, perché, se lui è soldato, canchero, sono cattivo anch'io. Ma sí, incastrerei Orlando delle storie, io, Ruzante!

77 Lo faccio anche star zitto, se lo sento dir niente di
me. E lui ha paura di me, perché io faccio il bravac-
cio e dico di menare. Ma chi non avrebbe paura,
quando si fa come faccio io, che sono piú valentuomo che non è un soldato?

78 E io non lo sapevo, sangue del canchero! Questo è il
fatto: che gli uomini sono grossi, e invece si ritengo-
no scaltri e saccenti, e non sanno nemmeno loro perché. Io non sapevo di essere quel valentuomo che sono. Ho imparato a essere valentuomo. Quando uno
ti dice niente per storto, tu mettiti a bravare. Ma sí,
ormai non avrei paura di Orlando, io, sangue del
canchero! Brava pure e mena e dàcci sotto a menare,
e a menare e a darci sotto sempre piú, perché tanto
non c'è cristiano al mondo che sappia difendersi. E
mènagli dritto agli occhi, ché quando gli meni agli
occhi e gli occhi gli si chiudono, tu gli puoi dare dove vuoi: dàgli pure di punta e di rovescio, e di sotto
in su, e a questo modo: a sgamba-capra.

79 O canchero! Quando mi ricordo in che modo gliel'ho
ficcata nel carniere, mi viene da crepare dal ridere!

80 Ma non è lui questo che viene in qua? Mi voglio mo-

75   Cancaro, a' he la gran legreza! A' he tanta legreza,
     che la camisa me sta tanto erta dal culo [*fa segno
     quanto*]. A' he guagnò tanti dinari, ch'a' me compre-
     rae mezo un bò. O cancaro, a' son pur cativo, a' son
     pur par d'i lari, a' ghe l'he pur arciapò quel soldò bre-
     gamasco. El m'aéa dò dinari, ch'a' i portesse a un,
     e mi a' he fato vista – o cancaro, a' son pur scozonò!
     – a' he fato vista che un m'abi tagiò el borseto e sca-
     pè su i marchiti: e m'i a' gh'he tegnú per nobisse.
     Agno muò', Dio sa a che muò' el gi ha guagnè an elo.

76   O cancaro! A' ghe l'he pur arciapò, mi, elo, che è sol-
     dò, perché el se ten sí sanzarín. Poh, e sí è soldò!...
     E mi ghe l'he arciapò, perché, se l'è soldò, o cancaro,
     a' son cativo, mi. Che sí, a' gh'arciaperé Rolando dai
     stari, mi, Ruzante.

77   A' faghe anche che, co' 'l sente a dir de mi, che 'l ta-
     se. E sí ha paura de mi, perché a' sbraosso, e sí dighe
     de dare. Mo' chi n'arae paura, fagàndola co' a' fago
     mi, ch'a' son pí valentomo che n'è un soldò?

78   E sí a' no 'l saea, al sangue del cancaro! Questo è
     quelo: che gi uomeni è gruossi [*si picchia sulla fron-
     te*], e sí se ten scaltrí e saçente, perché i no sa gnan
     igi. Mi a' no 'l saea de esser valentomo con a' son. A'
     he imparò a esser valentomo. Co' un te dise gnente
     per storto, e ti sbraossa. Mè sí, a' n'arae paura de Ro-
     lando, mi, al sangue del cancaro! [*Esaltandosi, im-
     magina di menar colpi, con mimica disordinata*] Sbra-
     ossa pure, e mena, e spèssega a menare; e menare e
     spessegare sempre mè, perché el no gh'è cristian vivo
     che sapia arparare. E ménaghe ala volta digi uogi; e
     con te ghe mini agi uogi, e gi uogi ghe çímega, e ti te
     ghe dê on' te vuòssi: dàghe pur de ponta e de roesso
     e de cao ponso, e a sto muò', [a] sgamba-càvera. [*Fa
     l'atto dello sgambetto*].

79   O cancaro! Co' a' m'arecordo a che muò' a' ghe la ca-
     çiè in lo carniero, el me ven quel cancaro de riso!
     [*Ride smodatamente, e smette di colpo*].

80   Mo' n'è-l questo che ven chialò? A' me vuò mostrar

strare di malumore, che sembri ch'io sia disperato.
81   Potta del canchero...

82   Be', i miei denari son persi, eh?

83   Stavo pensando giusto a questo. Me li hanno presi
     proprio bene, sangue del canchero! Ma sí, anche a
     voi l'avrebbe fatta. Era un tipo ben vestito, ma ave-
     va una cera maledetta, come avete voi: una gamba
     cosí, una berretta cosí, buttata là, con una spada che
     gli batteva sulla gamba, proprio come avete voi. Ma
     sí che siete stato voi, per farmi uno scherzo...

84   Io, ah?

85   Che ne so, io? Ma sí che siete stato voi, che ve ne
     state cosí, che sembrate un tizzone coperto, a guar-
     darvi in viso. Via, sentite, se siete stato voi, non fa-
     temi disperare...

86   Devo credergli o non devo credergli, oppure far fin-
     ta?...

87   Ma sí, vorreste che io vi avessi fatto un raggiro? Vi
     sembro cosí cattivo? Se Dio m'aiuta, non saprei ca-
     vare i denti da una rapa; e voi vorreste che io, io...?
     Ma via, non avrei saputo pensarla in tutta la vita. Sí,
     sí, vorreste proprio che fossi cattivo. Vi dirò invece
     quel che mi accadde: feci anch'io come fece quella
     buona donna, che credeva di avere in mano la borsa
     e aveva soltanto i manici. Ho fatto cosí anch'io, che
     quelli che dovevano rimanere fuori, li ho messi den-
     tro. Ma non mi sbaglierei mica piú, se lo vedessi in
     viso...

88   Basta! un tuo pari me la vuol fare...

89   Mio padre non ne sa niente, in fede!

de mala vuogia, che 'l para che sipia desperò. [*Assume un'aria afflitta e piagnucolosa*].

81   Pota del cancaro...

SCENA SESTA   Tonin e Ruzante

82   TONIN [*rientra con faccia scura e lo apostrofa duramente*]   Orbé, i me daner è traǧ, ah?

83   RUZANTE [*sempre in tono lamentoso*]   A' me vegnía pensanto adesso... L'è pur stò un bel tuore, al sangue del cancaro! Mè sí, an vu el ve gh'aerae arciapò. L'iera ben vestío, mo' l'aéa na çiera maleta con aí an vu; una gamba cossí [*va indicando la persona di Tonin*], una bereta cossí rasa via, con una spa' int'una gamba, pruopio con aí vu. [*Come riconoscendolo*] Chassí ch'a' si' stò vu, per farme na noela...

84   TONIN [*stupefatto*]   Mi, ah?

85   RUZANTE   Mo' che sè-gi? Chassí ch'a' si' stò vu, ch'a' stè cossí, ch'a' parí un stizo coverto in lo viso. Mo' aldí, s'a' si' stò vu, no fè ch'a' me despiere... [*piagnucola*].

86   TONIN [*tra sé*]   O ch'a' 'l credi, o ch'a' no 'l credi, o ch'a' 'm fo vista?

87   RUZANTE   Mo' sí, vossé-vu ch'a' v'aesse fata na noela? A' son tuto cativo? Se Dio m'ai', a' no sarae cavare i dente fuora d'int'un ravo; e sí a' vossé che mi, mi...? Sí, a' no me l'arae mè pensò in vita d'agni. Mè sí, a' vossé ben ch'a' foesse cativo. A' ve diré zò che m'intravegne: a' fiè an mi con fiè la buona femena, che crêa d'aver in man el borsato, e sí gh'aéa lomé i picagi. A' fiè cossí an mi, che qui dêa romagnir de fuora, a' i metí entro. Mo' a' no falerae miga pí mè de viso...

88   TONIN [*sbottando*]   Basta! U to par me fa stà...

89   RUZANTE [*fraintendendo*]   Me par n'in sa gnan gnente, ala fé!

90 Al sangue di dieci, non ci fu mai villano...

91 Al sangue del canchero, siamo villani perché non abbiamo rubato! Non parlate di villani, perché se no ci bucheremo la pelle peggio di quella dei crivelli.

92 Non voglio far questione.

93 Se non volete far questione, non parlate di villani; che fino in Francia e in Italia sono pronto a rispondere a tutt'uomo.

94 Basta, non voglio far questione. Se ti son stati tolti, pazienza.

95 Oooh, dite cosí? – «Pacientiorum», disse Cato. E non parlate di villani, perché se no, se mi punzecchierete, correrò; e se mi pesterete addosso, vi piscerò negli occhi!

96 Basta, mi raccomando!

97 Via, via... Ah, ah, ah!

98 Se non ci fosse quel che voglio dir io, sangue del canchero, te li farei sputar fuori dagli occhi, poltrone!

99 Potta, gli tremava la bazza. Lo faccio pur bene, questo mestiere, al sangue del canchero! Se mi ci metto, ne farò fuori tre o quattro.

100 Non voglio neanche andare a casa. Voglio andare... che ho visto una ragazza, e me la voglio portar via, o per forza, o a suon di denari...

90 TONIN   Al sango de des! Ol no fo ma' vilà... [*Mette mano alla spada*].

91 RUZANTE [*si ripara d'un balzo dietro le colonne del porticato, e di là si sfoga a sbraitare*]   Al sangue del cancaro! A' seon vilani perché a' no aon roba. No dî de vilani, ch'a' se sbuseron la pele pí ca no fo mè criviegi.

92 TONIN [*si trattiene a fatica*]   A' no vòi fà custiò.

93 RUZANTE   S'a' no volí far custion, no dî de vilani, che inchina in Franza e in Tralia a' responderae a tut'om.

94 TONIN   Basta, a' no vòi fà custiò. S'a' i t'è stà tolti, pacezia.

95 RUZANTE [*senza piú ritegno*]   Mooh, dî cossí? «Pacientiorum», disse Capo. E no dî de vilani, ché, con disse questú, se m'asegierí, a' coreré; e se me zaperí adosso, a' ve pisseré in gi uogi!

96 TONIN   Basta, a' 'm recomandi! [*Si allontana inseguito dalle urla di Ruzante*].

97 RUZANTE   Moa, moa... Ah, ah, ah! [*Sghignazza in tono provocatorio*].

98 TONIN [*voltandosi di scatto*]   Se 'l no fuss quel ch'a' vòi di', al sango del cancar, a' t'i faref butà fo' d'i očč, poltrò!

99 RUZANTE [*rimasto solo*]   Pota, el ghe tremava el mentisuolo. A' faghe pur ben sto mestiero, al sangue del cancaro! [*Esaltandosi, tira pugni all'aria*] S'a' me gh'a' meto, a' menaré via tre o quatro.

100   A' no vuò gnan anare a cà. A' vuò anar... ch'a' he vezúa na puta, che la vuò menar via, o per forza, o con disse questú... [*Mostra la borsa dei soldi presi al soldato ed esce*].

1   Ma sí, come vi debbo dire, compare? Sapete che vi
    ho sempre voluto bene e, come si dice... – intendete?

2   E non lo so, compare? Quando volevate ammazzare
    quel tale che aveva sparlato dietro a vostra comare,
    non lo so che lo facevate per amor mio?

3   Volevo ammazzare anche questo che ho trovato che le
    parlava adesso, se non fosse stato, dico, che non vor-
    rei nemmeno rovinare un uomo, e lei ne fosse la cau-
    sa, – intendete quel che dico, compare?

4   No, lei no, compare, non è di quella fatta, è una fi-
    gliola per bene. Degli occhi non voglio mica dire, ma
    per il resto è una santarella. E poi, che credete? Ci
    siamo sempre voluti bene, da quando eravamo ragaz-
    zetti pastori in su, che lei andava fuori con le oche e
    io con i porci. Facevamo all'amore cosí con gli occhi,
    che quasi non sapevamo, come si dice... Era la nostra
    ingenuità.

5   Le volete un gran bene a questa vostra femmina. Io
    credo invece che non vorrei bene a chi non ne voles-
    se a me.

6   Non parlate di voler bene, compare, che gli scanni e
    le panche di casa lo sanno, che quando io sono sedu-
    to in un posto, lei viene subito a sedermi vicino.

7   E poi non è di queste ostinate di carattere, che vo-
    gliono stare sopra di tutti. Lei si lascia volgere e go-
    vernare solo come voglio io – intendete, compare?
    Voglio dire che non è una superba. E quando torno a
    casa, se sono stanco o sudato, subito mi mette una
    pezza sulla schiena – compare, intendete? Se sono di

SCENA PRIMA   Menato e Ruzante

1 MENATO   Madesí, con a' ve dego dire, compare? A' saí
che sempre mè a' v'he vogiú ben e, con disse questú...
intendí-vu?

2 RUZANTE   No 'l sè-gi, compare? Quando a' volissi ama-
zar quelú che aéa sbagiafò drio a vostra comare, no 'l
siè-gi ch'a' 'l fiessi per me amore?

3 MENATO   A' volea an amazare questú ch'a' he catò che
ghe faelava adesso, se 'l no foesse stò... A' dighe, a'
no vorae gnan guastare un om, e ela in foesse cason,
intendí-vu co' a' dighe, compare?

4 RUZANTE   No, d'ela, compare, la n'è de quela fata: l'è
na puta da ben. Degi uogi a' no vuò miga dire, mo'
del resto l'è na santarela. E po, che crî-u? A' s'aón
sempre mè vogiú ben, da putati boaruoli in su, che
ela andasea fuora con le oche e mi coi puorçi. A' se
amorizàvimo cossí con gi uogi, ch'a' no saívi-no mo',
con disse questú... La giera la nostra sempitè. [*Durante il racconto, Ruzante si è visibilmente inteneri-
to*].

5 MENATO [*ironico*]   A' ghe volí un gran ben a sta vostra
femena. A' sè ch'a' no vorae ben, mi, a chi no m'in
volesse a mi.

6 RUZANTE   No faelè de ben volere, compare, che i sca-
gni e le banche de cà el sa, che con a' son sentò int'un
luogo, de fato la me è sentà a pè.

7   E po la n'è de ste stinè de pinion, che vuò stare de
sora de tuti. La se laga volzere e goernare lomé con
a' vuogio mi – intendí-u, compare? A' dighe mo' che
la n'è superbiosa. E con a' vaghe a cà, s'a' son straco
o suò, de fato la me mete na straza in la schina – com-

cattivo umore, mi dice: «Ma che avete?» E se io
non glielo voglio dire, mi dice: «Ma con chi potete
sfogare le vostre fantasie, meglio che con me?» – intendete, compare?

8 Vi fa di queste carezze anche adesso?

9 Ecco, è da qualche giorno a questa parte che, se io le
dico una parola, lei me ne dice tre; e, come dire?, se
io do una botta in giú, lei ne vuole dare tre in su.

10 Vedete che è come vi dico io? Io so che, se fossi in
voi, vorrei provare a sapere la verità fino in fondo.

11 Ma in che modo?

12 Dovreste cambiarvi d'abito e vestirvi da cittadino, o
da soldato, o da studente, e parlare in lingua. So che
lo saprete fare, ché voi le trovereste sottoterra le storie da dire e da fare.

13 Sentite, ne ho fatta una, poco fa, di certi denari, o
canchero! bella...

14 I denari saranno appunto buoni.

15 Ma in che modo volete che io trovi da cambiarmi
d'abito?

16 Venite qua con me.

17 Andiamo, compare.

18 Saprete almeno se vi sarà fedele, e se potrete vantar-
vi di lei.

19 Vedete, compare: la testa davanti ai piedi con questo pistoiese le farò saltare, che non sarà sicura nemmeno dietro all'altare.

20 No, compare, non voglio che l'ammazziate per questo. Ma saprete se avrete impegolato il culo, compare.

pare, intendí-vu? S'a' stago de mala vogia, la dise:
«Mo' che aí-u?» S'a' no ghe 'l vuogio dire, la me dise: «Mo' con chi poí-u miegio sborare le vostre fantasie, ca con mi?» – intendí-u, compare?

8 MENATO   Ve fa-la de ste careze anca adesso?

9 RUZANTE   L'è ben da no so che dí in qua, che co' a' ghe
   dighe na parola, la m'in dise tre: e, con dise questú,
   s'a' dago na bota in zó, la in vuò dare tri in su.

10 MENATO   Mo' vî-vu se l'è con a' ve dighe mi? Mi a' sè
   cha, si foesse in vu, ch'a' vorae proare e saere la veritè fremamen.

11 RUZANTE   Mo' a che mò'?

12 MENATO [abbassando la voce e tirandolo da parte]   Mo'
   a' vuò ch'a' ve muè de gonela, e ch'a' ve vestè da çi-
   taín, o da soldò, o da scolaro, e ch'a' faelè per gramego. Ch'a' sè mo' ch'a' sarí fare, ch'a' le catessé soto tera le noele da dire e da fare.

13 RUZANTE   Aldí, a' n'he fato una, puoco è, de no so che
   dinari, o cancaro! bela...

14 MENATO   Mo' i dinari sarà aponto boni.

15 RUZANTE   Mo' a che muò' volí-u ch'a' cate da muarme
   de gonela?

16 MENATO [gli fa segno di seguirlo]   Mo' vegní chialò con
   mi.

17 RUZANTE   Andon, compare.

[Si avviano].

18 MENATO   A' saverí almanco se la ve sarà leale, e se a' ve
   porí avantar d'ela.

19 RUZANTE [si ferma minaccioso]   Vî, compare: la testa
   denanzo i piè con sto pestolese a' ghe faré saltare,
   che la no sarè segura inchina drio l'altaro! [Cava il
   suo coltellaccio e fa l'atto di tagliarle la testa e di ve-
   dersela cadere ai piedi].

20 MENATO [tranquillo]   No, compare, a' no vuò ch'a' la
   mazè per questo. Mo' a' saerí se arí impegò el culo,
   compare.

21 Andiamo, che ne ho tanta voglia che non vedo l'ora.

22 Ho sempre sentito dire che l'amore fa diventare gli
    uomini sciocchi, e che è causa di gran dolore e di
    gran piacere, e che costa molti denari e fa diventare
    poltrone anche un valentuomo. Infatti io, che sono
    un valentuomo, per non far dispiacere alla mia inna-
    morata, non ho voluto rispondere a quel villano tra-
    ditore di suo marito. Mi ha detto in piazza tanta vil-
    lania, come se mi avesse trovato a leccare i suoi piat-
    ti: che sono un poltrone, che sono un asino, e che la
    mia pelle non vale niente. E io non gli ho voluto ri-
    spondere.

23 Ma poltrone è lui, e asino; e se fosse qui adesso, non
    so se mi potrei tenere.

24 Ad ogni modo gliela farò pagare, perché non voglio
    lasciare le vendette in eredità ai miei figli. Mi diceva
    asino, ma asino è lui, e poltrone. Non aveva niente
    in mano, lo potevo castigare, l'avrei potuto ammaz-
    zare. Ma da qui innanzi, dove lo trovo, me ne libero
    prima di andare al campo; ché voglio farlo diventare
    di Val Stroppia!

25 Al sangue del canchero, mio compare è un gran mer-
    lo, e crede di essere tanto furbo. L'ho vestito con

21 RUZANTE   Andon, ch'a' n'he tanta vogia ch'a' no vezo l'ora.

[*Escono*].

SCENA SECONDA   Tonin solo

22 TONIN [*si avvicina alla porta di casa, e prima di entrare, indugia in un breve monologo*]   Ho aldít semper di' che l'amor fa deventà i omegn gross, e che l'è casò de gra dolor e de gra plasí, e che 'l costa de gross daner e fa ach deventà u valentom poltrò. E mi, ch'a' so' valentom, per amor de no fà desplasí ala mia inamorada, a' n'ho volut responder a quel vilà traditor de so marít. Ol m'ha dit in plaza tata vilania, com se 'l m'avess trovat a lecà i so tagier: e che so' u poltrò, e che so' un asen, e che la mia pel no val negota. E no gh'ho volut respondi.

23 [*Si accende*] Mo' poltrò è-l lu, e un asen; che se 'l foss qui adess, a' no so s'a' 'm podiss tegní.

24 Ma a ogni muot a' ghe n'impagherò, ch'a' no vòi lassà li vendeti de drè, a me fioi. A' 'm disive-l asen? Mo' asen è-l lu, e u poltrò. El no aveva mo' negot in mà, ch'a' 'l podivi castigà, a' l'aref podut amazà. Ma da qui inanz, in o' a' 'l trovi, a' 'm deliberi inanz ch'a' vaghi in camp; ch'a' 'l vòi fà deventà da Val Strúpia! [*Entra in casa*].

SCENA TERZA   Menato solo

25 MENATO [*passa rapidamente in scena, quasi precedendo Ruzante*]   Al sangue del cancaro, sto me compare è pur el gran frison, e sí se ten sí zanzarín. A' l'he ve-

certi abiti che sembrerà uno scolaro; parlerà in lingua. O cacasangue! Vuole esser bella questa storia,
da ridere. L'ho pur incastrato, eh già... perché è mio
compare.

26 Bene, costui andrà da lei, e non credo che lo possa riconoscere. E quando dirà di volerle dare dei denari,
lei, che è fatta come tutte le donne, li accetterà. E
quando lui vedrà questo, la vorrà ammazzare.

27 Ma gli servirà poco fare il bravo, perché mia comare
lo conosce, sa bene come è fatto; non oserà nemmeno
guardarla per storto. Si metterà a sbraitare: «Si fa a
questo modo, ah? Potta di qua, potta di là...» Ma lei
non avrà paura e, per dispetto di queste sue smar-
giassate, se ne andrà via.

28 E poi io le parlerò e farò in modo che verrà via con
me; lei sa che non ho paura di mio compare, che
gliela faccio fare in brache!

29 O canchero! vuole esser bella. Vorrei nascondermi in
qualche posto, per vedere come se la cava...

30 Voglio andare a vedere se sento niente. Potta, sono
proprio contento.

31 Potta, chi avrebbe il coraggio di dire che non sono
uno spagnolo? Credo che non mi riconoscerebbe Ar-
go, che aveva cento occhi. Non mi riconosco quasi
neanch'io. Sarebbe bella anche questa!

32 Canchero, è proprio cattivo, questo mio compare.
Me ne ha insegnate? Ma anch'io ne ho pensata una
bella, piú bella di quella che mi ha insegnato lui, che
servirà a me e non a lui. Per un furfante ce ne vuole
sempre uno e mezzo. Cosí anch'io la farò a mio compare. Mi ha fatto dare questo vestito; e io, quando
avrò fatto quel che devo fare – perché tanto so che

stío co no so che drapi, che 'l parerà un scolaro: el
faelerà per gramego. O cagasangue, la vuò esser bela, sta noela, da rire. A' ghe l'he pur arciapò: poh...
perché l'è me compare.

26 Ben, questú l'anderà da ela. A' no crezo gnan che la
'l deba cognoscere. Co' 'l ghe dirà de dar dinari, ela,
ch'è fata co' è le femene, la gi torà; e elo, co' 'l veza
a sto muò', el la vorà amazare.

27 Mo' 'l ghe varà puoco sto so sbraossare, perché mia
comare el cognosse, la sa ben co' l'è fato: el no la os-
serà gnan guardare per storto. El sbraosserà ben:
«A sto muò', an? Pota de qua, pota de là!...» Mo'
ela n'arà paura, e per despeto de ste sue merde, l'anderà via.

28 E può mi a' ghe faveleré, e sí faré che la vegnirà via
con mi; che la sa ben ch'a' n'he paura de me compare, ch'a' 'l fago cagar stropiegi!

29 O cancaro, mo' la vuò esser bela. A' vorae poer stare
in qualche luogo a dar mente a che muò' el farà...

30 A' vuò anar a vêre s'a' sento gnente. Pota, a' he la
gran legreza. [Esce].

SCENA QUARTA   Ruzante, poi Betía

31 RUZANTE [solo. Entra lentamente, un po' impacciato ma
soddisfatto della truccatura da scolaro, che non cessa
di rimirare]   Pota, el no gh'è cuore che no diesse
ch'a' fusse un spagnaruolo. A' crezo che 'l no me
cognoscirae Rago, ch'aéa çent'uogi. A' no me cogno-
sci-ghe squaso gnan mi. La serà ben an bela, questa!

32 Cancaro, l'è pur cativo, sto me compare. M' ha-l mo'
insegnò? Mo' a' me n'he ben pensò an mi na pí bela
de quela che 'l me ha insegnò elo, che farà per mi e
no per elo. Sempre mè a un cativo el gh'in vuò uno
e mezo. A' faré cossí an mi a me compare. El m'ha
fato dar sta gonela: co' abia fato quel ch'a' vuò fare

non sarà vero quel che dice –, gliene voglio fare una
a lui: voglio fargli perdere questo vestito e dire che
quel soldato col quale sono venuto a parole mi è corso dietro con una lancia, e mi ha quasi ammazzato, e
che a me, correndo, il vestito mi è caduto. E cosí
gliela caccerò nel carniere.

33 Lui, siccome è furbo, dirà: «Compare, al sangue del
canchero, questo è un brutto tiro». E io gli dirò:
«Che, compare? Mi meraviglio di voi. Vorreste che
facessi un tiro a voi, che siete mio compare?» «O
canchero! mi rincresce, – dirà lui. – Se almeno il vestito fosse mio...» E io dirò: «Rincresce di piú a me,
che m'ha quasi ammazzato». Ah, come gliela caccerò bene nel carniere!

34 Via, non bisogna che rida. O Dio, non so, quando
arrivo all'uscio, come devo fare: se andare subito in
casa, o aspettare.
O canchero! sono un bel poltrone, a fare come quelli
che cercano se hanno rotto le scarpe, che cercano
quello che non vorrebbero trovare. Che ci guadagne-
rei? Niente.

35 Un cuore mi dice: «Fàllo», e un altro mi dice:
«Non lo fare». Ma giacché son cosí, voglio almeno
provare.

36 Olà, chi abita qui in questa casa?

37 Chi è?

38 Sono io, che voglio parlare con Vostra Signoria. State bene. Mi conoscete?

39 Se Dio m'aiuta, no che non vi conosco.

40 Sapete perché vi sembra di non conoscermi? Guar-
datemi bene.

41 Non guardo uomini che non conosco, io.

– perché a' sè che no sarà vero quel che 'l dise –, e'
gh'in vuò fare una an a elo; ch'a' ghe vuò far trare sta
gonela, e dire che quel soldò, con chi a' he fato parole, m'è coresto drio con un sponton, e che 'l m'ha
squaso amazò, e che mi, coranto, le m'è caísta. E sí
ghe la cazeré in lo carniero.

33   Perché l'è sí scozonò, el dirà: «Compare, al sangue
del cancaro! Questa è na mala noela». E mi diré:
«Che, compare? A' me smaravegio de vu, mi. Che
vossé-u, ch'a' ve faesse na noela, a vu, ch'a' si' me
compare?» – «O cancaro! A' 'l me recresse, dirà-lo.
Se la foesse pur mia...» E mi diré: «El me recresse
ben pí a mi, che 'l m'ha squaso amazò». Oh, co' a'
ghe la cazeré in to carniero de belo! [Ride e tace su-
bito].

34   Moa, el no besogna ch'a' sgrigne. O Dio, a' no sè, con
arive a l'usso, con a' dighe fare: o andar de longo via
in cà, o aspitare. O cancaro! A' son pur poltron, a esser co' è quigi che çerca si gi ha rote le scarpe, ch'i
çerca quelo ch'i no vorae catare. Che guagnerèi-gi?
Zòzolo.

35   Un cuore me dise: «Fàlo», e n'altro me dise: «No
fare». Mo' dasché a' son cossí [si guarda il vestito],
a' vuò pur provare.

36   [Si avvicina alla porta di casa e chiama, sforzandosi
di falsare la voce con accento forestiero] Olà! Chi
stano quano in questa casa?

37 BETÍA [socchiudendo l'uscio]   Chi è quelo?

38 RUZANTE [seminascosto dietro una colonna del portico]
Io sono lo io mi, che vòleno favelare con Vostra Signoria de vu. Ben stàgano. [Accenna un inchino] Me
cognosciti lo io mi?

39 BETÍA [lo guarda meglio]   Se Diè m'ai', [no ch'a'] no
ve cognosso.

40 RUZANTE   Sapeti perché lo io mi ve pàreno che no me
lo cognossiti? Guardatime bene [e cerca di nascon-
dersi il viso con la berretta].

41 BETÍA [abbassa gli occhi]   A' no guardo uomeni ch'a'
no cognossa, mi.

42 Sapete perché non mi conoscete io me?

43 Se Dio m'aiuta, no che non lo so.

44 Perché non vi degnate di chi vi vuole bene.

45 Mi sembra sí di avervi visto. Mi degno di un cane,
    io, altro che di un cristiano.

46 O Dio, è tanto tempo, che io sono quasi morto per
    amor vostro.

47 Di dove siete? Vi dico che non vi conosco.

48 Io sono dell'Italia, napoletano.

49 In che modo mi avete conosciuta?

50 Quando c'era l'invasione, io ero alloggiato in casa
    vostra. Se volete essere la mia morosa, vi darò molti
    denari. Guardate qua se mi mancano.

51 Vi dirò, non parlo con gente che non veda in faccia.

52 Ma io verrò in casa vostra, in camera vostra...

53 E se poi si sapesse, e lo sapesse mio marito? Ci farei
    un bel guadagno.

54 Ah, potta di chi ti fece! Che ti sento dire? Mi faresti
    dunque becco? Taci pure, che mi saprò ben tagliare
    le corna. Scappa pure dove vuoi, che non sarai sicura
    nemmeno dietro all'altare. Voglio sprangare bene
    l'uscio, che nessuno mi ti tolga dalle mani.

42 RUZANTE Sapítilo perché no me cognosseti lo io mi?

43 BETÍA Se Diè m'ai', no ch'a' no 'l sè.

44 RUZANTE Perché no ve dégnano de chi ve vòlono bene.

45 BETÍA El m'è ben deviso d'averne vezú. [*Commise-
     randosi*] A' me degne mi d'un can, no che d'un cri-
     stian.

46 RUZANTE O Dio, lo sono tanto tempo, che mi sono
     squasi morto per li fati vostri de vu!

47 BETÍA Donde si'-vu? A' no ve cognosso zà.

48 RUZANTE Io mi sono dela Talia, pulitàn.

49 BETÍA A che muò' me cognoscí-vu mi?

50 RUZANTE Quando che erano la muzarola, che io mi
     èrado alozado in casa vostra. Se volís essere la mias
     morosas, ve daranos de los dinaros. Guàrdano qua
     si lo me mancano. [*Scuote la borsetta sotto gli occhi
     di Betía*].

51 BETÍA A' ve dirè, a' no faelo con zente ch'a' no i veza
     per lo volto. [*Tenta di sollevargli il viso*].

52 RUZANTE Mo' io vegnirano in casa vostra, dentro in la
     camera vostra...

53 BETÍA Mo' se 'l se saesse po, e che 'l lo saesse me ma-
     río? A' guagi mi.

54 RUZANTE [*scoppiando*] Deh, pota de chi te fé! Che
     t'alde dire? Te me farissi dunca un beco? Tasi pure,
     ch'a' me tagieré ben i cuorni. Muza pure on' te vuò,
     che no te serè segura inchina drio l'altaro! A' vuò ben
     arpassar l'usso, che negun no me te tuoga dale man.

     [*Betía è corsa in casa. Ruzante la insegue, e chiude
     l'uscio*].

1 Ma perché non me l'hai detto prima che mi avevi riconosciuto? Ma sí, che se ti avessi voluto dare, avrei
   avuto ritegno, figurati. Chi mi ha tenuto, eh, matta?
   Non vedi che l'ho fatto per provarti? Forse che...

2 Mi farò ficcare in un monastero.

3 Ma taci, matta, taci; non piangere, che scherzo con te.
   Che il canchero mangi me e anche – quasi lo dico –
   mio compare. Sono andato a dar noia a questa poveretta, che quasi non riuscivo piú a calmarla. Mi meravigliavo che dicesse quel che diceva, ma mi aveva riconosciuto. Ti pare che anche lei sia poco cattiva?
   Canchero, se l'è avuta a male. Quasi non la riuscivo
   piú a calmare.

4 Sangue del canchero! voglio farla pagare a mio compare, che è stata colpa sua. Voglio fargli un tiro con
   il vestito. In ogni modo non farò peccato, perché lo
   farò per mio bene; e poi anche lui l'ha fatta a me.
   Voglio andare a vedere se lo trovo.

5 Betía, vado via, sai? Mi voglio mostrare scalmanato,
   che paia che sia stato rincorso. Se mi facessi una feri-
   ta in una gamba, sarebbe meglio. Dirò che me l'han
   data loro. Sangue del canchero! gli voglio fare un altro bel tiro: voglio andare a vedere se lo trovo e far
   finta... O canchero! sarà bella, e ci guadagnerò il vestito.

ATTO TERZO

SCENA PRIMA   Ruzante e Betía

1 RUZANTE [*esce precipitosamente di casa, come sospinto
      da Betía, che si ode singhiozzare all'interno*] Mo'
      che no me 'l divi-tu inanzo, che te me cognescivi?
      Mo' sí, che s'a' t'aesse vogiú dare, ara' abú ferdo,
      faze. Chi m'ha pigiò, an? Matezuola, no vi'-tu ch'a'
      he fato per provarte? Fuossi mo'...

2 BETÍA [*dall'interno, tra i singhiozzi*] A' me faré ficare
      int'un monestiero!

3 RUZANTE Mo' tasi, matezuola, mo'... No sgnicar, ch'a'
      trepo con ti. [*Tra sé*] Cancaro me magne mi, an —
      squaso che no dissi — me compare! A' son andò a dar
      fastibio a sta poereta, ch'a' no la poea squaso arpas-
      sare. A' me smaravegiava ben che la diesse quel che
      la diea; mo' la m'aéa cognessú. Te par che an ela sipia
      cativa? Cancar'è! La l'ha abú per male. Poh, mo' no
      la poea armiliare.

4   Al sangue del cancaro! A' vuò far portar le pene a me
      compare, che l'è stò cason elo. A' ghe vò far na noela
      a elo dela gonela. Agno muò', a' no faré pecò, perché
      a' faré per me ben. E po el me ha arciapò an mi. A'
      vuò anar a vêre s'a' 'l vezo.

5   [*Chiude la porta*] Betía, a' vaghe via, ve'? [*Incammi-
      nandosi*] A' me vuò mostrar da scalmanò, che 'l para
      ch'a' sipia coresto. S'a' me daesse na fería in su na
      gamba, a' starae miegio. [*Leva il coltello e si fa uno
      strappo nelle fasce di un polpaccio*] A' diré ch'i m'ha
      dò igi. Al sangue del cancaro! A' vuò fare n'altra bela
      noela; a' vuò anar a vêre s'a' 'l vezo e far vista... O
      cancaro! La serà bela, e sí guagneré la gonela.

      [*Si allontana*].

6 Ti farò l'onore che ti meriti, poltrone, cane, impiccato! Non mi godrai mai piú, dovessi andare cercando
   uscio a uscio. Ehi, di casa!

7 Chi c'è?

8 Amici.

9 Oh, sia ringraziato Domineddio! Venite dentro, donna Betía.

10 Ho visto mio compare che viene da questa parte.
   Non voglio che neppure mi veda, per farla completa.

11 Aiuto, misericordia, aiuto, misericordia, che son
   morto ammazzato!

12 Compare, compare! Potta di Domine, che avete?

13 Piú di cento, compare. Solo cielo e lance. Sono stato
   bucato piú di un crivello. Aiutatemi, aiutatemi!

14 Chi sono stati?

15 Menavano senza remissione, compare: una lancia in
   aria e una nella schiena. Sono morto, compare. Cercate un prete, che mi voglio confessare.

16 Non abbiate paura. Chi sono stati?

SCENA SECONDA   Betía, Tonin

6 BETÍA [*che ne ha spiato l'uscita, esce di casa accostando*
   l'uscio e va sotto quella del soldato] A' te faré
   l'onor che ti mièriti, poltron, can, apicò! Che te no
   me galderé mè pí, s'a' diesse ben anar çercanto a usso
   a usso. [*Chiama*] Oh, dala cà!
7 TONIN [*dall'interno*] Chi è quel?
8 BETÍA   Amigo.
9 TONIN [*spalancando la porta*] Oh, sia regraziat Dom-
   nedè! Vegní deter, dona Betía. [*La fa entrare e ri-*
   chiude l'uscio].

SCENA TERZA   Ruzante, Menato, una donna

10 RUZANTE [*rientra di corsa in scena e si appiatta dietro*
    l'angolo di una casa] A' he vezú me compare che
    vien de chialò via. A' no vuò gnan che 'l me veza,
    che a' la vuò far compía.
11 [*Salta fuori urlando e stramazza a terra*] Altúrio, mi-
    sericordia! Altúrio, misericordia, ch'a' son morto
    amazò!
12 MENATO [*accorrendo*] Compare, compare! Pota de Do-
    mene, che aí-vu?
13 RUZANTE   Pí de çento, compare. Lomé çielo e sponton.
    A' son stò sbusò pí che n'è un crivelo. Agième, agiè-
    me!
14 MENATO   Chi è-gi stè? [*Risale di qualche passo la via*
    dalla quale è sbucato Ruzante, e non vede nessuno].
15 RUZANTE   I menava senza remission, compare: d'un
    sponton in l'àgiere e d'un in la vita. A' son morto,
    compare. Catè un preve, ch'a' me vuò confessare.
16 MENATO   N'abiè paura. Chi è-gi stò?

17 Sento che mi esce il fiato fuori dalle ferite...

18 Non avete nessun male, cristiano.

19 Ma non lo sento io che sono tutto forato?

20 Dove?

21 Non toccate, non toccate, piano, canchero, non toccate. Piú di cento, canchero li mangi! Fossero venuti
almeno uno per uno.

22 Chi diavolo sono stati?

23 Se non son morto, ci manca poco...

24 Non avrete nessun male, cristiano. Fidatevi di me, so
quello che vi dico.

25 O compare, sento ben io che, se non son morto, ci
manca poco; e se guarirò, non sarò piú un uomo.
Guardate un po' qua se non sono ferito...

26 Non avete nessun male, cristiano.

27 O canchero, compare! Correte, che intanto io andrò
a farmi medicare, correte presto, e guardate che ho
lasciato andare il vestito che mi avete dato e la berretta, e pigliateli su. Ma correte presto, e voltatevi
poi da questa mano. Vedrete subito le tracce e il rumore della gente. Ma correte presto, presto, che non
vada perduto, e pigliate su anche la mia berretta.

28 Al sangue del canchero! Gliel'ho pur ficcata nel carniere. Ora voglio andare a casa a cacciarmi in letto
vicino alla Betía, e farmi ben coprire da lei.

29 Betía, o Betía! Mi senti, potta di chi ti fece? o Betía! Credo che tu dorma. Voglio spingere l'uscio.
Oh, vedi se l'ho aperto? Dove sei, ah, Betía?

30 Oh, canchero mi mangi, furfante, poltrone, cane, im-

17 RUZANTE A' sente ch'a' 'l me va fuora el fiò dale ferí
   via...

18 MENATO [*lo guarda meglio*] A' n'arí mal negun, cristian!

19 RUZANTE Mo' no senti-gie ch'a' son tuto forò?

20 MENATO Onve? [*Si china a tastarlo*].

21 RUZANTE [*ritraendosi*] No tochè, no tochè... Pian, cancaro, no tochè! Pí de çento, o cancaro i magne! Foes-
   se-gi vegnú almanco a un a un.

22 MENATO Chi cancaro è-gi stò?

23 RUZANTE [*si lamenta con un fil di voce*] S'a' no son
   morto, a' ghe manca puoco...

24 MENATO A' n'arí mal negun, cristian. Stè sora de mi,
   a' sè quel ch'a' ve dighe.

25 RUZANTE O compare, a' sento ben mi che, s'a' no son
   morto, el ghe manca puoco; e s'a' guariré, a' no seré
   mè pí omo. Guardè mo' chialò s'a' son guasto... [*mostra la graffiatura che s'è fatto con il coltello*].

26 MENATO [*lo guarda appena*] A'n'aí mal negun, cristian.

27 RUZANTE [*si rianima con impeto improvviso*] O cancaro, compare! Corí, ch'a' m'anderé a far miegare, e
   corí presto, e guardè ch'a' he lagò star la gonela ch'a'
   me diessi, e la bereta, e toèla su. Mo' corí presto, e
   volzí-ve po a sta man [*indica la via di dove prima è
   venuto*]. A' verí ben la pesta e 'l remor dela zente.
   Mo' corí presto presto, ch'a' la no se perde, e tolí an
   la me bereta! [*Grida queste ultime parole dietro a
   Menato, ch'è già uscito di corsa*].

28 Al sangue del cancaro! A' ghe l'he pur ficà in lo carniero. [*Si rialza e si avvia verso la porta di casa*] A'
   vuò mo' anar an mi a ca' a ficarme in leto a pè dela
   Betía, e farme ben covrire a ela.

29 [*Chiama attraverso l'uscio rimasto socchiuso*] Betía!
   o Betía! Aldi-tu, pota de chi te fé? o Betía! A' cherzo che te druomi. A' vuò penzer in l'usso. [*Spinge la
   porta e questa si apre*] Oh, si'-tu s'a' l'he averto?
   [*Entra e chiama ancora*] On' si'-tu an, Betía?

30 [*Pausa. Dopo qualche istante esce di nuovo sulla via,
   totalmente mutato*] Oh, cancaro me magne, furfan-

piccato che sono! Sono proprio rovinato, svergogna-
to, proprio in fondo, ora. Oh, poltrone, disgraziato
che sarò sempre! Che il canchero ci mangi tutti e
due, compare, voi e me, e il mio cambiar di vestito.
Prendi, poltrone; prendi, disgraziato; prendi, coglio-
ne! Prendi su quel che ci hai guadagnato: niente.

31   Cambiati pure di vestito, parla pure da soldato, parla spagnolo, fa' ancora delle bravate. Maledetto il
mio parlare in lingua, e chi me l'ha insegnato!

32   O Betía, hai pur fatto quel che avevi deciso, sei andata a farti ficcare in un monastero. E io ne sono la
colpa, disgraziato che sarò sempre. Ti sei fatta mona-
chella, poveretta, discalzarella! Potrò ben cantare:
« Deh, monicella... »

33   Non ti ho mai conosciuta per donna di carattere, se
non adesso: non ha valso nulla che da bambini in su
ci siamo voluti bene per tanto tempo: eravamo ubria-
chi del bene che ci siamo voluti. Con tutto il bene
che ti ho voluto, non sono riuscito a piegarti tanto,
che almeno mi avessi detto: « Sta' con Dio, che vado
di qua ».

34   Se almeno sapessi dove venirti a cercare. Dove sei
andata, Betía? Dimmelo, sorella, che almeno, quando morirò, ci facciamo mettere tutti e due in una fossa, giacché non ci possiamo star da vivi; e che ci facciamo fare un epitaffio lungo lungo, che dica la nostra fine.
      Ci fosse almeno qualcuno che m'insegnasse e mi di-
cesse da che parte è andata...

35   Cercate la vostra femmina, vero, buon uomo?

36   Sí, sorella, sí.

37   Allora guardate di qua, di qua.

38   Non vi vedo.

39   Di qua, di qua...

40   Non so dove siete, io. Sono stordito. Dove siete dunque?

41   Qua, qua, cristiano di Dio, a man dritta.

te, poltron, can, apicò ch'a' son! A' son ben deruinò,
a' son ben svergognò, a' son ben in cao, mo'. O poltron, desgraziò ch'a' sarè sempre mè! Oh, cancaro ne
magne tuti du, compare, vu e mi, e 'l me muar de gonela! [*Si tira dei pugni in testa*] Tuò, poltron; tuò desgraziò; tuò, cogómbaro! Tuò su mo' quel che t'hê
guagnò: zòzolo!

31 Múate mo' de gonela, faela mo' da soldò, o per gramego, fàne mo' dele smerdarele! O maleto sea el me
parlar per gramego e chi m'ha insegnò!

32 O Betía, t'hê pur fata la to pinion; te t'è pur andà a
far ficare int'un monistiero. E mi a' son pur stò cason, desgraziò che saré sempre mè. Ti è fata mone-
ghela, povereta, descalzarela! A' poré ben cantare:
«Doh, monicela...»

33 A' no t'hê mè cognessú per femena de pinion, lomé
adesso; che no gh'ha valesto che da putati in su a' se
abiàm sempre vogiú ben tanto tempo, ch'a' seon stè
imbriaghè int'el ben ch'a' s'aon volesto. Per ben ch'a'
t'abi vogiú, a' no t'hê possú armiliare tanto, che te
m'aíssi dito almanco: «Stà con Dio, ch'a' vago in
qua».

34 S'a' saesse almanco on' vegnirte a catare... On' se'-tu
andà, Betía? Dímelo, serore; che almanco, con a' moriré, a' se fazàn meter tuti du int'una fossa, dasché a'
no ghe posson star vivi; e che se fazàn far un spata-
fio lungo lungo, che diga la nostra fin. Ghe foesse almanco qualcun che me l'insegnasse, o che me diesse
a che via l'è andà... [*Si guarda intorno smarrito*].

35 DONNA [*da una finestra*] Çerchè-vu la vostra femena,
an, om da ben?

36 RUZANTE   Sí, serore, sí. [*Guarda di dove venga la voce
che gli ha parlato*].

37 DONNA   Mo' guardè in qua, guardè in qua.

38 RUZANTE   A' no ve vezo.

39 DONNA   In qua, in qua...

40 RUZANTE   A' no sè on' sipiè, mi. A' son stravaliò. On'
si'-vu, an?

41 DONNA   Qua, qua, cristian de Dio, a man dreta.

42 Ah, ecco!... Dove è andata?

43 In quella casa del soldato.

44 È andata là da quel soldato? L'avete ben riconosciu-
    ta, che sia proprio lei?

45 Sí, cristiano di Dio, ce l'ho vista andare io, poco fa.

46 Sia lodata la Madonna, che spero ancora di goderla.
    Non voglio neanche bussare. Bisogna che non ci vada
    con delle bravate, ma con maniere piú untuose della
    sugna. E se mi dicesse poltrone, gli dirò che dice la
    verità. Che me ne importa a me, pur di farmi i fatti
    miei?

47 Oh, di casa! Signor soldato! Signor fratello! Mi sen-
    tite, eh?

48 Chi c'è?

49 Sono io. Datemi la mia femmina; che sono io, quel
    vostro amico, che son venuto a prenderla.

50 Non l'ho ancora governata. Aspetta un po'.

51 Ma che le fate? Datemela pure cosí.

52 Le voglio far star giú il pelo. Glielo sbatto.

53 Non mi capite. Fatevi un po' qua sull'uscio.

54 Le voglio mettere il basto, e non vuole star ferma.
    Fatti in qua, bestia.

55 Oh, non capisce, questo cristiano. Sentite? Signor
    soldato!

56 Ah, è capricciosa! Non vuole lasciarsi governare.

57 Non mi ha mica capito. Crede che parli della mula.

42 RUZANTE [*che finalmente l'ha scorta*]   Ah, an!... O' è-la
        andà?

43 DONNA   In quela casa del soldà. [*Gliela indica*].

44 RUZANTE   La è andà là da quel soldò? L' 'ì-vu ben co-
        gnessúa chí, che la sea ela?

45 DONNA   Sí, cristian de Dio, che ghe l'he vista anare mi,
        poco è.

46 RUZANTE [*senza piú curarsi della donna*]   Oh, laldò sea
        la Mare, che a' in spiero pure ancora de gàlderla. [*Si
        appressa alla porta del soldato*] A' no vuò gnan sba-
        tere. Mo' a' 'l besogna che no ghe vaghe con sbraos-
        sarí. Mo' a' 'l besogna ch'a' vaghe pí molesín che fé
        mè sonza. E se 'l me diesse poltron, a' diré ch'a' 'l
        dise la veritè. Che me fa a mi, per far el fato me?

47 [*Chiama in tono rispettoso e perfino amichevole*] Oh,
        dela cà! O messier soldò! O messier frelo! Aldí-u,
        an?

        SCENA QUARTA   Tonin e Ruzante

48 TONIN [*dal di dentro*]   Chi è quel?

49 RUZANTE   A' son mi. Dè-me la mia femena, ch'a' son
        mi, quel vostro amigo, ch'a' la son vegnúa a tuore.

50 TONIN   A' no l'ho ach governada. Aspeta un po'.

51 RUZANTE   Mo' che ghe fè-vu? Dè-mela pur cossí.

52 TONIN   A' ghe vòi fà stà bass ol pil. A' ghe 'l sbati.

53 RUZANTE [*sempre immobile davanti alla porta*]   A' no
        m'intendí. Vegní un po' chialò dal'usso.

54 TONIN   A' 'gh vòi metí la gropera, e la no vol stà ferma.
        Fat in zà, beschia!

55 RUZANTE   Poh, el no intende, sto cristian. Aldí-vu? O
        sier soldò!

56 TONIN   Oh, l'è fastidiosa! La no 's vol lagà governà.

57 RUZANTE   El no m'ha gnan intendú. El cre' che dighe
        la mula.

        [*Pausa*].

58 Oh, venga il canchero!...

59 Ma che c'è?

60 Ha fracassata tutta la bardella davanti.

61 Te l'ho detto che non mi aveva capito? Crede che
    parli della mula.

62 Come, non ti ho capito? Sto mettendo in ordine la
    mula; ma bisogna che tu mi lasci ficcare un chiodo
    nella bardella, ché è tutta fracassata.

63 Al diavolo il capire! Bisogna che lo lasci finire. Po-
    trei gridare cosí mille anni, e non mi capirebbe.
64 Su, venite dunque?

65 Non trovo il buco del gancio della cinghia, che venga
    il canchero...

66 Ah? Che fate?

67 Ho finito giusto adesso.

68 Avete finito, finalmente? Sarà in ordine, come si di-
    ce, la sposa.

69 Lasciami pigliare un po' di fiato. Accidenti a questa
    bestia, bisogna che tu la meni a mano, tanto è capric-
    ciosa.

70 Non capirete mai, potta dei balordi!

71 Adesso vengo.

72 O canchero alle mule! Non parlo della mula, parlo
    di mia moglie. È qui da voi?

73 Sí che ci sono, bel messere, sí che ci sono. Che cosí
    vuoi, su? Non pensarti mai piú che sia finita.

58 TONIN   Oh, vegni 'l cancher!...
59 RUZANTE   Che, an?
60 TONIN   L'ha fracassada tuta la bardela denanz.
61 RUZANTE   Te 'l dissi che 'l no m'aéa intendú? El cre'
    che dighe la mula.
62 TONIN [*in tono sempre piú beffardo*]   Che? Che no v'in-
    tendi? A' meti in orden la mula; mo' el besogna che
    tu 'm laghi ficà u ciod in la bardela, ché l'è tuta fra-
    cassada.
63 RUZANTE   Pota del'intendere! A' 'l besogna che 'l laghe
    rivare. A' porae çigare cossí mil'agni, che 'l no inten-
    derae.
64 [*Lunga pausa*]. Moa, vegní-vu an?
65 TONIN   A' no cati ol bus del'ardigiò dela çengia, che ve-
    gni ol cancher...
66 RUZANTE   An? Che fèvu?

    [*Ancora una pausa*].

67 TONIN   Ho rivàt ades ades.
68 RUZANTE   H 'í-vu rivò, ancuò? A' sarae mo' regonò,
    con disse questú, la noíza.
69 TONIN   Làghe-m pià u po' de fiat. Cancher a sta beschia!
    A' besogna ch'a' te la meni a mà, perché l'è fastidiosa.
70 RUZANTE   No possé-vu mè pí intendere, pota d'i ba-
    lurdi!
71 TONIN   A' vegni ades, mo'. [*Compare sulla soglia*].
72 RUZANTE   O cancaro ale mule! A' no digo mula, a' di-
    ghe mia mogiere de mi. È-la chialò da vu?

    SCENA QUINTA   Betía e Ruzante

73 BETÍA [*affacciandosi a una finestra*]   Sí ch'a' ghe son,
    bel messiere, sí ch'a' ghe son! Che vuò-tu mo'? No
    te pensare mè pí, che mè n'ha fin. [*Si aggiusta le ve-
    sti, ancora scomposte*].

    [*Tonin rientra in casa*].

74 Via, via, matta. So solo che mi hai dato un sacco di
    fastidi.

75 Dategli da bere, al fante, che se l'è guadagnato, che
    è scaltro, saccente. Ti pare che abbia saputo combi-
    nare una bella storia? Me l'hai fatta, non è vero? Be-
    ne, piglia su, ora, che non ci hai guadagnato un ca-
    volo!

76 Potta di chi ti fece, sei proprio arrabbiata.

77 Ah, credi pure che non me la dimenticherò finché vi-
    vo. Va' pure.

78 Va bene, vieni via anche tu, allora, andiamo a casa.
    Vieni via, che, te lo giuro, ti perdono.

79 Non voglio il tuo perdono, che non lo merito.

80 E allora perdona tu a me, che ti domando perdono,
    moglie. Il diavolo è perfido; perdono.

81 Va' pure. Già che ti sei fatto il pasticcio, goditelo
    pure.

82 Perdono, moglie, che il diavolo mi ha tentato... E
    poi è stato anche mio compare a insegnarmelo.

83 Disgraziato, furfante, taci, taci! Che volevi provare?
    Non sapevi chi ero io? Se avessi voluto far male, fur-
    fante, credi che me ne sarebbe mancata l'occasione?

84 O Betía, sorella, è stato mio compare a mettermi su,
    che il canchero lo mangi. Perché io non me lo sarei
    mai pensato. «Fatelo, fatelo, compare, che almeno
    saprete se vi sarà fedele. Fatelo». E subito il diavolo
    mi ha tentato. Ma, al sangue del canchero, l'ho fatto
    solo per scherzare, te lo giuro, sorella. Lo sai poi an-
    che tu che scherzo volentieri. Se avessi pensato che
    sarebbe finita in questo modo, credi che l'avrei fat-
    to? Ma mi venga prima il mal della lupa!

85 Sí, sí, voltala pure addosso a mio compare, tanto ha
    buone spalle.

86 Ma ti giuro che l'ho fatto per scherzare.

87 Bene, allora scherzo anch'io.

88 Vieni via, dunque. Andiamo, andiamo a casa, per-
    ché, al sangue del canchero, senti...

74 RUZANTE Moa, moa, matezuola! A' sè che te me n'hê dò na supa de fastibio.

75 BETÍA Dèghe da bevere al fante, che 'l se l'ha guagnò, che l'è scaltrío, saçente! Te pare che l'abi sapú fare la bela noela? [*A Ruzante*] Te m'hê pur arciapò mo', n'è vero? Mo' ben, tuò su, che t'hê guagnò zòzolo!

76 RUZANTE Pota de chi te fé! Ti è ben abavò.

77 BETÍA Crezi, crezi che mè a' me la desmentegheré in vita d'agni. Và pure.

78 RUZANTE Mo' ben, vie' via an ti. Andon a cà. Vie' via, che, ala fé, a' te perdono.

79 BETÍA A' no vuò to perdon, ch'a' no 'l mièrito.

80 RUZANTE Mo' perdona-me atonca a mi, ch'a' te domando perdonanza, mogiere; che 'l diavolo è sutile. Perdonanza!

81 BETÍA Và pure, che se ti si' fato la vessa, te te galderè anche el saore.

82 RUZANTE [*piagnucolando*] Perdonanza, mogiere, che 'l diavolo m'ha intantò... E po l'è stò an me compare, che m'ha insegnò.

83 BETÍA Desgraziò, furfante, tasi, tasi! Che volivi-tu provare? No saivi-tu zò ch'a' giera? S'aesse vogiú far male, furfante, cri'-tu che 'l m'aesse mancò?

84 RUZANTE O Betía, serore, l'è stò me compare, che 'l ghe magne el cancaro, che m'ha metú su; che no me l'aeré mè pensò. «Fèlo, fèlo, compare, che saverí almanco se la ve sarà liale. Fèlo!» E man el diavolo me tanté. Mo', al sangue del cancaro, a' 'l fiè mo' per sbertezare, ala fé, serore. Ampò te sa, an, s'a' sbertezo ontiera. S'a' m'aesse pensò che la doesse anar a sto muò', cri-tu ch'a' l'aesse fata? Mo' me vegna inanzo el mal dela loa!

85 BETÍA Sí, sí, vuolzi-la pure adosso me compare, che l'ha buone spale.

86 RUZANTE Mo' ala fé, ch'a' la fiè per sbertezare.

87 BETÍA Mo' ben, a' sberteze ben an mi.

88 RUZANTE Mo' vie' via tonca. Andon, andon a cà, che al sangue del cancaro, aldi...

89 Mai piú a casa tua. Ma se ci vengo... non farmelo di-
    re!

90 Ascolta, sorella, non credo di aver provato mai un
    dolore piú grande. Credi che andavo per casa cercan-
    doti, come farebbe un cane rabbioso.

91 Che volevi provare, disgraziato che sei?

92 Se mi volevi bene.

93 Non sapevi se te ne volevo? Ma dimmi un poco, chi
    sarebbe stata quella disgraziata che fosse rimasta con
    te come ho fatto io, essendo cosí buono a niente co-
    me sei?

94 Potta, buono a niente, dici! So giocar bene, mi pare.

95 Ah sí, per quello sei buono. Ma per fare un servizio
    in casa, non riesci mai a levare il culo dalla sedia, e
    bisogna che sia io a metter sempre le mani in ogni
    cosa. Io di qua, io di là, io di su, io di giú, io di sot-
    to, io di sopra. Bisogna che io ti guidi nelle faccen-
    de, io che tenga pulite le pignatte, io le scodelle, io
    che faccia in casa, io che faccia fuori di casa... E poi,
    quando siamo in letto, che ci dovremmo consigliare,
    come si deve fare tra marito e moglie, tu dormi come
    un ciocco. Ti pare che, se non ti avessi voluto bene,
    sarei rimasta tanto con te, no, bel messere?

96 Tu dici bene, ma me lo dovevi dire. Che ne so, io,
    che son duro di testa?

97 Non te lo dicevo, non è vero? Ti stavo sempre a
    spingere, sempre a scuotere, come si fa col pesce in
    padella. Ma tu avevi sempre il cervello addormenta-
    to, e io potevo ben dire e fare. Con me parevi un
    ciocco, come sei.

98 Ma che vuoi, insomma, che muoia? Non vedi che so-
    no nel peggiore affanno della mia vita, per amor tuo?

99 Se con me tu avessi rigato diritto come dovevi, non
    ci saresti... Hai capito?

100 Vieni via, che ti giuro per questi Santi, al sangue di
    San Lazzaro, che farò tanto che tu dirai che son bra-
    vo.

101 Va' pur via, e toglimiti davanti, e va' in tanta malo-

89 BETÍA   Mè pí a cà toa. Mo' s'a' ghe vegno... No me far
    dire!

90 RUZANTE   Aldi, serore, da chi inanzo a' crezo ch'a' no
    proesse mè la maor duogia. Crezi ch'andasea per cà
    çercando-te, con fasea un can rabioso.

91 BETÍA   Che volivi-tu provare, desgraziò che ti è?

92 RUZANTE   Se te me volivi ben.

93 BETÍA   No saivi-tu se t'in volea? Mo' dí-me un puoco:
    chi sarae stò quela desgrazià che foesse stò con ti,
    con a' fasea, sipiando cossí da puoco con ti è?

94 RUZANTE   Pota, a' son da puoco! A' sè pur an ben zu-
    gare...

95 BETÍA   Mo' sí, de quel ti è bon. Mo' da far un servissio
    per cà, te no te rivi mè de drizare el cul dal scagno,
    ch'a' 'l besogna ch'a' mete mi le man sempre mè in
    agno cossa. Mi de chive, mi de live, mi de su, mi de
    zó, mi de soto, mi de sora. El besogna che mi te va-
    ghe derzando in massaria, mi ch'a' tegne monde le
    pignate, mi le scuele, mi ch'a' faghe in cà, mi ch'a'
    faghe fuora de cà... E po, quando a' seon in leto, ch'a'
    se dessàn consegiare, con se de' fare marío e mogiere,
    tu duormi co' fa un zoco. Te par che, s'a' no t'aesse
    vogiú ben, ch'a' sarae stò con ti tanto, an, bel mes-
    siere?

96 RUZANTE   Te dí vero. Mo' ti me 'l dîvi dire; che sè-gi
    mi, ch'a' son grosso...

97 BETÍA   A' no te 'l diea, n'è vero? A' ⟨te⟩ tegnía sem-
    pre mè spontignò, sempre mè strucò, con se fa pesse
    in fersura. Mo' t'aívi sempre mè indormenzò el çer-
    velo, e mi possea assè dire e fare: te parivi un zoco
    con mi, con è.

98 RUZANTE   Mo' che vuò-tu mo', ch'a' muora? Che son
    in lo maor fastubio ch'a' foesse mè, per to amore.

99 BETÍA   Mo' s'te fussi andò dertamen con mi, con ti dîvi
    anare, te no ghe sarissi... [gli fa le corna con le dita],
    intendi-tu?

100 RUZANTE   Vie' via, che per sti Santi, al sangue de San
    Lazaro, a' faré tanto, che te diré ch'a' son saçento.

101 BETÍA   Và pure, e tuò-te-me via denanzo, e và in tanta

ra, che non ti senta mai piú nominare. Che adesso
sono in un posto dove avrò piú buon tempo, voglio
dire migliore compagnia di quella che mi facevi tu.
Mi rincresce sí, povera me misera, dell'onore... Ma
tu vuoi cosí, e cosí abbi.

102 Taci, taci, non piangere, matta. Non piangere, altrimenti fai venir voglia di piangere anche a me. Non
dire... Senti, Betía, senti almeno questo... Potta del
canchero, ma che devo fare?... Voglio chiamare il soldato.

103 Signor soldato! Mi sentite, vero, galantuomo? Mi
sentite?

104 Ti sento bene. Ma tu non canti una canzone che mi
piace.

105 Mettete anche voi qualche buona parola, che venga a
casa.

106 Buone parole, ah? Sai pure quello che mi hai fatto...

107 Via, avrei anche potuto darvele, se avessi voluto.

108 Mi hai dato nel sangue, a darmi nella borsa.

109 Che? Dei denari, dite? Vi giuro, vi giuro che mi sono stati presi. Che mi fa a me? Se questa non fosse la
verità, ve lo direi bene adesso, che son ridotto, come
si dice...

110 Va' là, che se tu non fai in modo ch'io riabbia i miei
denari fino all'ultimo quattrino, non l'avrai di sicuro, ché la voglio menare con me al campo.

111 Ma che devo fare? Mi sederò qui, e non mi moverò
anche se dovessi spiritare, finché il canchero mi aiu-
terà, o che creperò qui. Potta della malora, ho tutto
contro. Che devo piú fare a questo mondo? Betía!
Ehi, Betía? Vedi, morirò qui, al sangue del canche-

malora, che no t'alde mè pí menzonare. Ch'a' son in
luogo ch'aré megior tempo, a' vussi dire megior compagnia che te no me fasivi. Mo' el me recresse ben,
povereta mi grama, del'anore... Mo' te vuò cossí, e
cossí abi... [*singhiozza*].

102 RUZANTE   Tasi, tasi, no pianzere, matezuola. No pianzere, che te me fê vegnir vuogia de pianzere an mi...
No dire. Aldi, Betía aldi lomé questa... [*Betía si è ri-
tirata*]. Pota del cancaro! Mo' che dego fare?... A'
vuò ciamare el soldò.

103   Messier soldò! Aldi-vu an, om da ben? Aldi-vu?

SCENA SESTA   Tonin e Ruzante

104 TONIN [*affacciandosi all'uscio, guarda Ruzante pieno di
disprezzo*].   A' t'aldi bé. Mo' ti no canti vers che 'm
plasi.

105 RUZANTE   Metí an vu qualche bona parola, che la vegne a cà.

106 TONIN   Boni paroli, ah? Ti sê pur quel che te m'hê faǧ...

107 RUZANTE   Moa, a' v'arae pur an poesto dar, s'aesse volesto.

108 TONIN [*acre*]   Ti m'hê dat ind'ol sango, a dam into la
borsa.

109 RUZANTE   Che? d'i dinari? Ala fé, ala fé, che i me fo
tolti. Che me fa a mi? Se 'l foesse gnan la veritè, a'
ve 'l dirae mi adesso, ch'a' son, con disse questú...

110 TONIN   Và pur, che s'tu no fê ch'abi i me daner fina un
quatrí, ti n'è per averla, ché la vòi menà con mi in
camp. [*Rientra*].

111 RUZANTE [*solo*]   Mo' che dego-gio fare? A' me senteré
sí chialò [*siede su uno scalino*], ch'a' no me partiré,
s'a' me doesse abirare, fina che 'l canchero m'aierà,
o che a' sgangoliré chialò. Pota dela deroina! Mo' la
m'è pur contra. Che dego-gie pí fare a sto mondo?
Betía! An, Betía? Ve', a' muorirò chialò, al sangue

ro. Ti prego, fammi almeno sotterrare, che la tua carne non sia mangiata dai cani.

112 Oh, avessi un coltello adesso! Non mi terrebbe il
mondo intero che non mi ammazzassi. Ma siccome
non ho coltello, mi voglio ammazzare con i pugni.
To', prendi, castrone, che ti mangi il canchero, prendi, prendi. Ma sí, mi voglio strangolare con un pugno, cosí mi usciranno gli occhi di fuori e farò paura
a tutti.

113 Mi voglio mangiare. Betía! Vieni fuori un momento
e sta' attenta, che quando passo da questa vita all'altra, tu possa gridare: « Gesú! » Da che parte debbo
incominciare a mangiarmi? Voglio incominciare dai
piedi, perché se cominciassi dalle mani, non potrei
poi aiutarmi a mangiare il resto.

114 Betía, di' almeno un paternostro per me. Orsú, sta'
con Dio, che incomincio.

115 Non potrò mica mangiarmi tutto. Ma mi mangerò
tanto che creperò...

116 E quando sarò crepato, che avrai guadagnato?

117 Deh, buttami giú una cordicella, cara Betía, che mi
impiccherò e non starò piú a soffrire...

118 Dove canchero è andato costui? O canchero, vorrei
proprio sapere come è andata questa storia con mia
comare. Voglio andare a vedere se lo trovo. Ma non
è lui quello che è laggiú accovacciato? Compare, o
compare! Ma che fate steso laggiú?

del cancaro! A' te prego, fà-me almanco soterare, che le to carne no sea magnè dai cani.

112   Doh, aesse un cortelo adesso! che 'l no me tegnirae el roesso mondo ch'a' no me mazasse. [*Si fruga addosso ma non trova il coltello*] Dasché a' n'he cortelo, a' me vuò mazare coi pugni. [*Si tira dei pugni furiosi*] Tuò, tuò, castron, cancaro te magne, tuò, tuò! Mè sí, a' no me vuò strangolare co un pugno? E sí el me insirà gi uogi in fuora, a' faré paura a tuti. [*Si sferra un pugno alla gola, ma vede che non riesce ad ammazzarsi*].

113   [*Pausa*]. A' me vuò magnare. Betía! [*Si trascina davanti alla casa del soldato*] Vien almanco, dà mente, che con strapasse de sta vita al'altra, te puossi criare: «Iesò!» [*Steso in terra considera la propria persona*] Da che dego mo' scomenzare a magnarme? A' vuò scomenzare dai piè, perché, s'a' scomenzasse dale man, a' no porae po aiarme a magnare el resto.

114   [*Alza il capo verso la finestra*] Betía, dí almanco un paternuostro per mi. Orsú, stà con Dio, ch'a' scomenzo. [*Si morde un polpaccio e si fa male*].

115   A' no me poré miga magnar tuto. Mo' a' me magneré tanto, ch'a' creperé... [*altro morso*].

116   E co' a' sea crepò, che arè-tu guagnò? [*Abbandona la gamba e guarda in su*].

117   Deh, butame zó una sogheta, cara Betía, che m'apicheré, che no me staghe a stentare... [*si accascia*].

SCENA SETTIMA   Menato e Ruzante

118 MENATO [*entra guardando in giro*]   On' cancaro è andò questú? O cancaro! A' sarae ontiera co' è andò sta noela de mia comare. A' vuò andar a vêre s'a' 'l vezo. [*L'ha scorto, e gli si appressa*] Mo' no è-lo quel che è invelò in cuzolon? Compare, o compare! Mo' che fè-vu invelò acolegò?

119 Faccio il canchero che vi mangi, voi e la vostra trovata.

120 Ma perché, compare? Che vi è successo?

121 Vostra comare se n'è avuta per male dell'azione che
mi avete fatto fare, e cosí, quando sono venuto a cer-
carla, è scappata in casa di questo soldato.

122 E che state a fare, invece di farvela dare? Perché non
bussate?

123 E non ho bussato? Ma non vuole venire.

124 Bussate, cristiano! Lasciate che le parli io.

125 Ma sí, andate, parlate voi. Tanto è arrabbiata anche
con voi, perché gliel'ho detto che siete stato voi a in-
segnarmi.

126 Potta di chi vi fece! Già che siete andato a raccontar-
le queste storie, credo bene che non l'avremo piú.

127 E che vi fa a voi questo, se non la avremo?

128 Faccio per voi, compare. Che me ne importa, a me?
Avete parlato al soldato?

129 Gli ho parlato, certo.

130 E che dice?

131 Dice che non me la vuol dare, se prima non gli rendo
certi denari che dice che son suoi... Sapete, di quella
storia che v'ho detto?

132 E io mi meravigliavo! Queste sono le storie che com-
binate sempre, e poi volete dare la colpa agli altri.
Perché non gli rendete i suoi soldi? Volete continua-
re con queste gherminelle, non è vero? Voglio dire
che non la smettete di combinare queste storie.

133 Siete ricco, voi, compare. Glieli potreste dare tutti
voi, sapete? In fondo, è anche vostra comare.

134 Mi meraviglio di voi, compare. Dateglieli voi, compare, che glieli avete presi, al soldato.

119 RUZANTE [*sordo*]   A' faghe el cancaro ch'a' ve magne, vu e la vostra noela.

120 MENATO   Mo' perché, compare? Che v'è intravegnú?

121 RUZANTE   Vostra comare ha abú per male del'ato che me fiessi fare, e sí, quando a' la viegni a çercare, la muzà in cà de sto soldò.

122 MENATO [*avventandosi su Ruzante e scuotendolo*]   Mo' che stè-vu a fare, ch'a' no ve la fè dare? Ché non sbatí-vu?

123 RUZANTE [*svincolandosi, con malanimo*]   Mo' sí, ch'a' no he sbatú? Mo' la no vuò vegnire.

124 MENATO [*lo scuote ancora, e cerca di rimetterlo in piedi*]   Sbatí, cristian! Laghè che a' ghe faele mi.

125 RUZANTE   Mo' sí, andèghe, faelè vu. Che la no è scorezà an con vu, ché a' gh'he dito ch'a' si' stò vu ch'a' m'aí insegnò. [*Menato lo lascia e Ruzante ripiomba nella posizione di prima*].

126 MENATO [*furente*]   Pota de chi ve fé! Zà che a' ghe si' andò a dire ste noele, a' vezo ben ch'a' no l'averom pí.

127 RUZANTE [*in tralice*]   Mo' che ve fa mo' a vu questo, se no l'averon?

128 MENATO [*riprendendosi*]   Mo' a' faghe per vu, compare. Che m'in sta, a mi? [*Pausa*]. Aí-u favelò al soldò?

129 RUZANTE   A' gh'he favelò per çerto.

130 MENATO   Mo' che dise-lo?

131 RUZANTE [*evasivo*]   El dise che 'l no me la vuò dare, s'a' no ghe daghe no so che dinari, che 'l dise ch'è soi... Saí-u, de quela noela ch'a' v'he dito?

132 MENATO   Mo' a' me smaravegiava! Queste è le noele ch'a' fè sempre mè, e po' a' volí dar la peta agi altri. Ché no ghe dè-vu i suò' dinari? A' volí andare co ste vostre garbinele, a' dighe vero? A' digo ch'andè sempre fazanto de ste noele.

133 RUZANTE   A' si' rico vu, compare. A' gh'i possé dare tuti vu, saí-vu? [*Pausa*]. L'è pur an vostra comare.

134 MENATO   A' me smaravegie de vu, compare. Dèghigi pur vu, compare, ch'a' gh' 'í tolti al soldò.

135 Compare, se non aiutate voi vostra comare, chi la de-
     ve aiutare?

136 Dico, bussate e fatevela dare, che per voi è un bel-
     l'onore a lasciarla lí dentro, in casa di questo sol-
     dato.

137 Voglio aspettare ancora un poco e vedere quel che
     dice. E se non me la vorrà dare, andrò dal podestà.
     Me la faranno ben dare loro.

138 Ma sí, merda, compare! Lasciatela stare un'altra ora
     lí dentro, che per voi è un bell'onore.

139 Compare, andate a farvela dare voi e promettetegli
     per me. E fatelo per amore di vostra comare.

140 Signor soldato! Mi sentite, galantuomo? Signor sol-
     dato!

141 Chi c'è?

142 Sono io. Vorremmo che ci deste la nostra femmina,
     piacendo a voi.

143 Chi sei tu?

144 Io sono suo compare di lei.

145 Se mi date i miei soldi, te la darò; altrimenti non te
     la voglio dare.

146 Sentite, galantuomo, lasciatemi venir dentro, che le
     parli; che per i soldi, ve li darò io, se altri non ve li
     darà.

147 Son contento, ma voglio che venga tu solo.

148 Venite giú, comare. Si fa cosí, a questo modo, dico.

135 RUZANTE   Compare, se n'aigiè vostra comare, chi la de'
     aigiare?

136 MENATO   A' dighe, sbatí e fè-ve-la dare; che 'l v'è un
     bel onore a lagar-ghe-la invelò, in cà de sto soldò.

137 RUZANTE [*compunto*]   A' vuò spitare ancora un puoco
     e vêre zò che 'l dise. E si el no me la vorà dare, anda-
     ré dal poestà. I me la farà ben dare igi.

138 MENATO   Mè sí, merda, compare! Laghè-ghe-la stare
     n'altra ora invelò, che 'l v'è un bel anore.

139 RUZANTE   Compare, andè-ve-la fè dare, e prometí-ghe
     per mi. E fè-lo per amor de vostra comare.

     [*Menato va verso l'uscio e chiama, mentre Ruzante,
     sempre strisciando a terra, si ritira prudentemente di
     qualche passo*].

140 MENATO   O sier soldò! Aldí-vu, om da ben? Sier soldò!

     SCENA OTTAVA   Tonin, Menato e Ruzante

141 TONIN [*facendosi all'uscio*]   Chi è quel?

142 MENATO   A' son mi. A' vossàn ch'a' ne dassé la nostra
     femena, piasàntove mo' a vu.

143 TONIN [*lo squadra*]   Chi è-'t ti?

144 MENATO   E' son mi, so compar d'ela.

145 TONIN   S'a' 'm dê i me daner, a' 't la daref; otramet no
     't la vòi dà.

146 MENATO   Mo' aldí, om da ben: laghème vegnire, ch'a'
     ghe faele. Che d'i dinari, a' v'i daré mi, s'altri no v'i
     darà. [*Occhiata di disprezzo a Ruzante, che cerca di
     non farsi vedere*].

147 TONIN   A' so' contet. Mo' a' vòi che te 'gh vegni ti sol.
     [*Rientra, dopo aver fissato anch'egli Ruzante con sar-
     casmo*].

148 MENATO   Vegní zó, comare! [*Sulla soglia, voltandosi a
     Ruzante*] El se fa cossí, a sto muò', an! E sí no se

E non si sta a aspettare la manna dal cielo, compare, come fate voi. Quanti denari sono?

149 Circa venti troni.

150 Bisogna che gliene dia almeno la metà.

151 Dateglieli pur tutti, compare, e accomodatela.

152 Mi basta dargliene almeno la metà, e cosí l'accomoderò.

153 Sí, accomodatela, caro compare. Badate, mi raccomando a voi, compare: è stata colpa vostra, compare, e perciò accomodatela. Purché l'accomodiate, faccio voto, se adesso l'accomodate, di non fare mai piú gherminelle a nessuno. Voglio badare a vivere da galantuomo. Accidenti alle mie gherminelle, che sono quasi morto e rovinato al mondo.

154 Voglio ascoltare quel che dice. L'aggiusterà, mio compare, perché so che lui le vuol bene, e anche lei a lui, che sempre la nominava, e lei lui: «Mio compare di qua, mio compare di là...»

155 Ascolta? Taci. Sento che lei dice che mai piú, mai piú... Potta di chi ti fece! Mai piú, eh? O fantasia di femmine! Per donna di carattere non t'ho mai conosciuta, fuorché adesso. Credi pure che non assomigli a tua madre, che scappò tante volte da suo marito, e quando uno le diceva una parola, subito cambiava idea e ritornava.

156 Ascolta? Sento che dice: «Mi volete promettere voi?» Sí, compare, potta del canchero! Sí, potta, che mi fate parlar male. Ci pensa anche su, e io non gli sono vicino, da poterlo spronare. Sí, compare, promettetele... Non oso neanche gridare. Ascolta, bisbigliano piano, mio compare e lei, non riesco a sentire. Sia maledetto... Ascolta: «Per amor vostro, compare, farò ciò che volete». Oh, è accomodata! Faccio voto di andare ogni anno a desinare con un frate o con la compagnia di Sant'Antonio.

157 Gli dà i denari, mio compare, perché sento che dice: «Questo non è buono». Mai piú, mai piú non fac-

sta a spitare la umana dal çielo, compare, con a' fè vu.
Quanti dinari iè-gi?

149 RUZANTE [*a mezza bocca*]   Fuorsi vinti tron.

150 MENATO   El bisogna ch'a' gh'i daghe almanco la mitè.

151 RUZANTE   Dèghi-gi pur tuti, compare, e conzè-la.

152 MENATO   El me basta ch'a' gh'i darò almanco miezi, e
sí la conzaré.

153 RUZANTE   Mo' conzè-la, caro compare. Vî, a' m'areco-
mando a vu, compare: a' si' stò cason vu, compare,
e perzò conzè-la. [*Menato, senza piú badargli, entra
in casa di Tonin*]. Purch'a' la conzè, a' faghe invo,
s'a' la conzè sta bota, che mè pí vuò far garbinele a
negun. A' vuò atender a viver da om da ben. Cancaro a ste mie garbinele, ch'a' son squaso muorto e deroinò del mondo.

154 [*Si alza e si avvicina alla porta per origliare*] A' vuò
scoltare zò che 'l dise. El la conzerà, me compare,
perché a' so che 'l ghe vuò ben, e an ela a elo; che
sempre mè el la menzonava, e ela elo: «Me compare
de qua, me compare de là»...

155 Aldi? Tasi. A' sento ch'a' la dise che «mè pí, mè
pí»... Pota de chi te fé! «Mè pí», an? O·fantasia de
femene! Femena d'opinion a' no t'he cognessú mè
pí; de pinion, lomé adesso. Crezi che te no somiegi
a to mare, che la muzé tante fiè via da so marío; e,
co' un ghe diéa na parola, la se volzea de fato.

156 Aldi? A' sento che la dise: «Me volí-vu imprometer
vu?» Sí, compare, pota del cancaro! Sí, pota... ch'a'
no dighe male. A' ghe pense-lo an su... A' no ghe son
miga a pè, da poer-lo spontignare. Sí, compare, prometí-ghe. A' no osso gnan çigare. Aldi: i çízola pian,
me compare e ela, a' no posso aldire. O maleto sea!
Aldi: «Per amor vostro, compare, a' faré zò che a'
volí». Uuh! l'è conzà. [*Spicca un salto di gioia, e subito si irrigidisce in un atteggiamento solenne*] A' fago invó d'andare ogn'ano a disnare con un frare o con
la compagnia de Sant'Antuognio.

157 [*Origlia di nuovo alla porta*] El ghe dà i dinari, me
compare, ch'a' sento ch'a' 'l dise: «Questo n'è bon».

cio gherminelle. M'è cosí montata, questa, che me la
ricorderò finché vivo.

158 Sento che dice: «Andiamo». Mi voglio tirare indietro, che paia che non li abbia ascoltati.

159 Capisco, compare. Ma è proprio per amor vostro.

160 Potta, ma sei ben arrabbiata! Parli poi di parentado.
Ma non somigli certo a tua madre, che con una parola si lasciava voltare e governare e fare quello che si
voleva.

161 Sai perché?

162 Perché?

163 Perché aveva un marito sul serio. Ma tu a che servi?

164 Potta, non servo a niente, a sentir te. Credo che non
darei l'arnese in mano a un altro, per lavorare.

165 Taci, taci, per la tua cara fede! Puoi davvero ringra-
ziare Dio e mio compare anche tu, ché, se non ci fosse stato lui, ti saresti sognato di riavermi.

166 Puoi davvero ringraziar Dio e mio compare anche tu,
ché, se non ci fosse stato lui, mi sarei già ammazzato,
a quest'ora.

167 Via, via, basta con le parole. State con Dio, galantuomo.

168 State con Dio, e tante grazie della vostra compagnia.
Se anche noi possiamo, vedete...

169 Basta che mi levi di torno quello là! E tante grazie.

Mè pí, mè pí no fago garbinele! La m'è sí montò, questa, ch'a' me l'arecorderé in vita d'agni.

158 A' sento ch'a' 'l dise: «Andagon». A' me vuò tirare
indrío, che 'l para che no gi abia ascoltè. [*Si ritira precipitosamente sotto il portico*].

SCENA NONA   Betía, Ruzante, Menato e Tonin

[*Escono dalla casa del soldato, Betía innanzi parlan-
do a Menato, ultimo Tonin*].

159 BETÍA   Intendo, compare. Mo' ch'è pruopio per amor
vostro.

160 RUZANTE [*facendosi avanti*]   Pota, mo' ti no si' ben scorezà! Te di' po de parentò. Mo' te no somiegi zà a to
mare, che con na parola la se laghea volzere e goernare e far zò che se volea.

161 BETÍA   Sê-tu perché?

162 RUZANTE   Perché?

163 BETÍA   Perché l'aéa marío da zò. Mo' da che iè-tu, ti?

164 RUZANTE   Pota, a' no son da gnente, chi t'alde. A' crezo ch'a' no darae l'ordegno in man a n'altro, per o⟨v⟩
rare.

165 BETÍA   Tasi, tasi, per la to cara fé! Te può ben regraziar Dio e me compare an ti, ché, se 'l no foesse stò
elo, te t'ariessi insuniò d'i fati miè'.

166 RUZANTE   Te può ben regraziar Dio e me compare an
ti, ché, se 'l no foesse stò elo, a' m'ara' amazò inchina
st'ora.

167 MENATO   Moa, moa, no pí parole. [*A Tonin*] Stè con
Dio, om da ben.

168 BETÍA   Stè con Dio, e gran mercè dela vostra compagnia. S'a' posson an nu, vî... [*gli ammicca con malizia*].

169 TONIN   Tat tat ch'a' 'm levi da colà! [*Fa un gesto di
minaccia verso Ruzante, che si rifugia d'un balzo die-*

Sapete bene, madonna, che tutti i bergamaschi sono
dei galantuomini.

170 Dove siete, compare?

171 Sono qua.

172 Comportatevi d'ora in avanti da uomo, e che non vi
succedano piú di queste storie, perché ho fatto una
gran fatica a accomodarla, e ancor maggiore a con-
vincere lei, che fosse soddisfatta.

173 Potta, compare, ma non sapete che è stata colpa vostra? Vi sembro cosí perfido da sapermi pensare una
cosa simile, se non ci foste stato voi?

174 Sí, la merda, compare! Sono stato io che ho preso i
denari al soldato, non è vero? Canchero, ne dite di
grosse, quando vi ci mettete. Tacete, tacete, non dite
piú di queste frottole a vostro compare.

175 Ma, al sangue del canchero, compare...

176 Ma sí, compare, merda. Compare, non mi fate dire...
Andiamo a casa. Andate avanti, comare.

tro un pilastro del porticato] Gra marçè. A' saví bé,
madona, che tuğ i bergamasch è tuğ omegn da bé.
[*Rientra e·chiude l'uscio*].

170 MENATO   On' si'-vu, compare?

171 RUZANTE [*sporgendo la testa*]   A' son chialò. [*Visto che
il soldato è rientrato, esce con circospezione*].

172 MENATO   Governève mo' da chí inanzo da omo, e che
'l no v'intravegne pí ste noele; perché a' he bú na
gran faíga a conzarla, e po maore a voltarla, che la se
abia contentò. [*Guarda minaccioso Betía*].

173 RUZANTE   Pota, compare! Mo' no saí-vu s'a' si' stò vu
cason? A' son ben sí cativo ch'a' m'aesse sapú pensare ste noele, s'a' no foessè stò vu?

174 MENATO   Sí, la merda, compare! A' son stò mi ch'a' he
tolto i dinari al soldò, n'è vero? Cancaro, a' le dî pur
cotore, co' a' ve ghe metí. Tasí, tasí, no dî ste sbagia-
farí a vostro compare.

175 RUZANTE [*protesta, ma piú debolmente*]   Mo', al sangue del cancaro, compare...

176 MENATO   Mo' sí, compare, merda! Compare, no me fè
dire... Andon in cà. Andè inanzo, comare.

[*Entrano a uno a uno in casa di Ruzante. Menato
entra per ultimo, dominando gli altri due con lo
sguardo; e chiude la porta da padrone*].

1 Bergamaschi, ah? Io sono soldato e sono bergamasco,
e un villano traditore me la voleva fare. I bergamaschi hanno la testa grossa, ma hanno un ingegno che
si ficca in ogni buco. Io, eh? Chi diavolo sarebbe stato quello, se non un bergamasco, che si fosse saputo
condurre cosí bene come ho fatto io? Ho avuto i
miei denari, che mi aveva fatto perdere quel villano,
e avrò anche la femmina; non passerà troppo.

2 Un altro avrebbe voluto sbravazzare, far questione,
dar ferite, coltellate, stoccate, puntate, strapuntate;
io invece ci sono andato col formaggio piacentino,
tanto che ho avuto i denari; e poi voglio combinare
l'affare con questa donna Betía, che stia attenta, e la
prima volta che Ruzante va fuori di casa, io me ne
vado in casa da lei; e se non ci sarà altro modo, lei
cercherà che stasera suo compare conduca lui fuori...
E io, dentro.

3 Sarebbe rimasta volentieri a casa mia, e venuta al
campo, ma non mi voglio portar dietro queste ban-
diere, queste lance spezzate...

4 Non posso star nella pelle dalla contentezza, quando
penso in che modo mi sono fatto dare subito i denari.

5 Per forza, non posso piú resistere: sono tanto fiero,

SCENA PRIMA   Tonin solo

1 TONIN [*beatamente affacciato alla finestra*] Bergamaschi, ah? A' so' soldat, e sí so' bergamasch, e u vilà
traditor a' 'm ghe volea fà stà. I bergamaschi ha bé
gross ol co, ma i ha un inzegn che 's fica per ogni
bus. Mi, an? Chi diavol saref stà quel, oter che u bergamasch, che se avess saput governà sí bé com ho fat
mi? E ho 'but i me daner, che m'avea fat trà quel vilà, e sí averò ach la fomna: no passerà trop.

2 Un oter aref volut sbraossà, fà costiò, dà dei frîdi,
corteladi, stocadi, ponti, straponti; e mi so' andat col
formai piasentí, tat ch'ho abut i daner; e po a' 'm
vòi conzà l'ordegn co essa dona Betía, che staghi aten-
ta, che la prima fiada che Ruzant vaghi fo' de cà, ch'a'
'm vaghi in casa da lé; e che s'a' no arò otramet mud,
che la farà fos che sta sira so compader el condurà fo'
de casa... E mi, deter.

3 La saraf bé restada volentera con mi in casa e vegnu-
da in camp; ma no 'm vòi menà drè sti banderi, sti
lanzi spezadi...

4 A' no possi stà in la pel d'alegreza, quand a' 'm re-
cordi a che mud a' m'ho fat dà i daner de subit. [*Ri-
dacchia soddisfatto e si ritrae*].

SCENA SECONDA   Ruzante solo

5 RUZANTE [*entra a precipizio, impugnando una lancia*]
L'è forza, a' no posso pí sofrire: a' son tanto braoso,

tanto animoso, che non posso tenermi dal non far
questione. Sono stato concepito tra le armi: quando
mio padre e mia madre mi generavano, avevano una
corazza indosso e una spada al fianco. Bisogna che la
natura segua il suo corso e la sua fierezza. Sono tal-
mente avvezzo a far questione con questo e con quello, che quando non ho con chi venire alle mani, ci
verrei con me stesso.

6 Voglio andare a trovare questo soldato per dirgli che,
per la puttana che oggi l'ha mandato, quei soldi che
gli ha dato mio compare, sono miei, che mio compare non deve dar via i miei soldi e che io li voglio.
«O fratello – dirà lui – non si deve far cosí, non sta
mica bene». Ah, puttana del canchero, ti voglio
mangiare il cuore, poltrone, cane impiccato! E dare,
e seguitare... Avrà tanta paura, che cacherà dapper-
tutto, e mi darà ogni cosa. E io piglierò su.

7 Canchero, sarà bella, guadagnar denari senza lavorare, con delle bravate. E se capitasse mio compare, gli
dirò che faccio questione perché è stato quello lí a
farmi assaltare dai suoi compagni e a portarmi via il
vestito e la berretta. Perché non voglio dirgli che faccio questione per i denari.

8 Che devo fare? Andare a battere alla sua porta? O
devo andar passeggiando? Se vado a battere, potrebbe saltar fuori senza che me ne accorgessi e colpirmi
alle spalle. Se vado minacciando qua davanti, potrebbe tirarmi qualche colpo di balestra nelle costole.

9 Voglio andare a battere: sono un valentuomo. Dove
sei, poltrone? Portami i miei soldi, che altrimenti te
li farò cacare dagli occhi. Vieni fuori, vieni fuori,
che ti voglio far vedere che non sei buono per me. Ti
voglio mangiare il cuore e friggerti la coratella e darla ai cani, e arrostirti il fegato, come una scardola,
sulla gratella. Vieni fuori, poltrone!

tanto anemoso, ch'a' no me posso tegnire de no far
costion. A' son stò impolò in le arme: quando me
pare e me mare m'inzenerà, i gh'aéa una corazina indosso e una spagnuola al lò. El besogna che la natura
faghe el so inderto e la so fiereza. A' son uso a far
costion co questo e co st'altro, che quando a' no he
co chi vegnire ale man, a' vegniré con mi stesso.

6 A' vuò andar a catar sto soldò per dir-ghe che, putana do' 'l vene ancuò, che qui dinari che gh'ha dò me
compare, è miè', e che me compare n'ha a dare via i
miè' dinari, e che a' i vuò. «O frêlo – dirà-lo – el no
se vuò far cossí, el no se fa gnan ben». Ah, putana
del cancaro, ch'a' te vuò magnare del cuore, poltron,
can, apicò! E dare, e spessegare... [*vibra colpi imma-
ginari con l'asta*]. L'arà tanta paura, che 'l cagherà
dapertuto, e sí me darà agno cossa. E mi a' scaperé
su.

7 Cancaro, la sarà bela a guagnar dinari senza laorare,
con braosarí. E se me compare s'imbatesse a vegnire,
a' diré ché faghe custion perché el fo elo che me fé
arsaltare ai suò' compagni, e che 'l me tosse la gonela
e la bereta; ch'a' no vuò dire ch'a' faghe costion per
i dinari.

8 Che dego-gi fare? Andare a sbatere al so usso? O dego-gi andar spassezanto? S'a' vago a sbatere, el porae
saltar fuora che no me n'avederae, e darme de drio
via. S'a' vago sgrandezando chí denanzo via, el porae
trarme de qualche balestra in coste.

9 [*Pausa*]. A' vuogio anare a sbatere: a' son valent'omo.
[*Picchia alla porta e grida*] On' si'-tu, poltron? Porta-
me i miè' dinari, se no ch'a' te i faré cagare per gi uogi via! Vie' fuora, vie' fuora, ch'a' te vuò far vêre che
te n'iè bon per mi. A' te vuò magnare el cuore e desfrizere dela coraela, e darla ai can, e desfrizere del
figò, a muò scardoa, sula grêla... Vie' fuora, poltron!

10 A chi dici, fratello?

11 A chi dico? Lo saprai se vieni giú; che ti farò le spal-
    le nere come ali di calabrone.

12 A me? Per che ragione?

13 Vieni giú, che te lo dirò, che lo saprai. Ricordati, per
    la puttana che ti ha mandato, che quei soldi sono
    miei, e li voglio, te li dovessi far buttar fuori dagli
    occhi.

14 Senti, fratello, guarda piuttosto se di quel conto non
    hai ancora qualcosa da farmi dare. Mi ha dato giusto
    un cornacchione falso, e voglio che me lo cambi.

15 Ah, potta di chi ti fece, mi prendi in giro per giunta.
    Guarda che se butto giú quest'uscio, ti verrò ad am-
    mazzare fin dietro all'altare. Credi che l'hai indovina-
    ta a stare in una casa di muro; che se tu stessi in una
    casa di paglia, sfonderei i graticci, che sembrerei una
    spingarda, e ti verrei ad ammazzare fino in letto, te
    e i tuoi figlioli, con tutto.

16 Taci, pover'uomo, che se tu mi vedessi con lo stocco
    in mano, volteresti le spalle alla prima.

17 Tu? tu? tu saresti buono a farmi cambiar strada?
    Non saresti neanche buono di guardarmi quando vor-
    resti. Puttana del canchero, se potessi venire...

18 Quando sono armato e mi guardo nello specchio, la
    mia figura fa paura a me. Guarda che cosa faresti tu!
    Va' con Dio, pover'uomo.

19 Ma vieni giú, tu e due altri, tu e tre, tu e dieci, tu e
    tua moglie e i tuoi figlioli, tu e la casa, con tutto, che
    io non mi muoverò dalla pesta. E te la farò vedere fi-
    no in Francia, sangue del canchero! Tu mi faresti
    paura? tu a me? Ma ti perdono, ché non hai mai vi-
    sto un uomo irritato e crucciato. Vieni fuori, ti vo-
    glio solo lisciar la schiena con quest'asta; sí, ti dico.

SCENA TERZA   Tonin e Ruzante

10 TONIN [*alla finestra*]   A chi dit, fradel?

11 RUZANTE   A chi dighe? Te 'l saetè, s'te vien zó; ch'a'
faré che le to spale sonerà ale de cantaon!

12 TONIN   A mi? Per che rason?

13 RUZANTE   Vie' zó, ch'a' te 'l dirè, che te 'l saverè. Arecòrdate che, per la putana don' vini ancuò, che qui
dinari è miè', ch'a' i vuò, s'a' t'i diesse far butar fuora per gi uogi via.

14 TONIN [*beffardo*]   Aldi, fradel, guarda s'te 'gh n'hê plú,
a quel cont, da farmi dà. El m'ha bé dat u cornaciò
fals, ch'a' vorò che 'l m'ol scambi.

15 RUZANTE [*furioso*]   Deh, pota de chi te fé, dasché te me
truogni ancora. Che se bute zó st'usso, a' te vegniré a
mazare inchina drio l'altaro. Crezi che te l'hê indivi-
nò, che ti è in cà de muro; che s'te foessi cossí in cà
de pagia, a' sbregherae i canolò, ch'a' sonerae na spin-
garda, ch'a' te vegnirae a mazare inchina in leto, ti e
tuò' figiuoli, co tuto.

16 TONIN   Tas, pover'om, che s'tu me vedess col stoch i'
mà, tu voltaress i spali a la prima.

17 RUZANTE   Ti? ti? te sarissi bon, ti, a pénzerme zó del
truozo? Te no sarissi gnan bon a guardarme quanto
te vorissi. Putana del cancaro, se poesse vegnire...

18 TONIN   Quant a' so' armat e che 'm guardi ind'ol speč,
la mia figura e' 'm fa paura a mi. Guarda co' 't farís
ti! Và con Dè, pover'om...

19 RUZANTE   Mo' vie' zó, ti e du altri, ti e tri, ti e diese,
ti e to mogiere e tuò' figiuoli, ti e la cà co tuto, ch'a'
no me muoveré de peca. E sí, a' te 'l faré vêre inchina
in Franza, al sangue del cancaro! Ti ti me faressi paura? Ti a mi? Mo' a' te perdono, che te n'hê mè vezú
un om inzeregò e scorozò. Mo' vie' fuora. A' no te vuò
lomé polir la schina co st'asta. Sí, ala fé, crí-tu che

Credi che sia crucciato? Ma sí, non ti saprei nemmeno bastonare... Piglia pure che armi vuoi e vieni fuori.

20 Quando tu sarai un uomo d'armi a cavallo come sono io e mi domanderai di combattere, ci verrò.

21 Al sangue del canchero, sono stato miglior soldato di
te, sono stato caposquadra, e avevo dieci barelle sotto di me, tu non ne hai mai avuto tante. E sono anche di maggior parentado di te, perché i miei non
hanno mai portato le ceste come hai fatto tu. E ci
scommetterei che non sai dove sei nato, e chi è tuo
padre. Sí, non lo sai, e vuoi parlare di parentado.

22 Ma taci, senza fede, martorello, trentacoste, battez-
zato nel truogolo dei porci!

23 M'hai detto porco? Me lo ricorderò. Ché non reste-
rai sempre in una casa di muro, e ti farò piú in pez-
zetti di un ravanello tritato. Ti farò vedere che questo spuntone ha buon manico e meglio sopramma-
nico.

24 Non mi aspetterai poi, se vengo giú.

25 Ti voglio pagare la colazione. Vieni via.

26 Se sei un galantuomo, non te ne andare finché non
vengo.

27 Vieni via. Sta' sicuro che per adesso non me ne vado. Mi voglio tirare indietro, che gliene voglio dare
tante... Vorrei piuttosto che ci fosse qualcuno a met-
tersi di mezzo, ché non vorrei che ci ammazzassimo.
Voglio farmi animo. E poi, piú che morire una volta... Vieni, allora? Sei tornato al balcone? Non vieni? Credi che l'hai indovinata. In ogni modo la po-
trai allungare, ma non scamparla.

28 Non mi voglio sporcar le mani nel sangue di un villano traditore.

29 Villano a me? Ah, potta del canchero, che non rie-
sca a sbattere giú quest'uscio?

supia scorozò? Mè sí, a' no te sarae gnan menare...
Mo' tuò che arme che te vuò, e vie' fuora.

20 TONIN [*sprezzante*]   Quand tu sarè un om d'armi in su
caval com a' son mi e che tu 'm domandi a combater,
a' 'gh vegnirò.

21 RUZANTE   Al sangue del cancaro, a' son stò miegio soldò che ti n'iè ti, che son stò cao de soldò de squara,
ch'aéa diese barele soto de mi; che te no ghe n'hê mè
'bú tante, ti. E sí a' son de maor parentò ch'a' ti n'iè
ti, che i miè' n'ha mè portò le çeste, co' t'hê fato ti.
E sí a' ghe zugarae che ti no sè on' ti è nassú, e chi è
to pare; e sí ti no 'l sè, e sí ti vuossi dire de parentò.

22 TONIN   Tas, contra la fé, martorel, trentacosti, batezat
al'albuol d'i porz!

23 RUZANTE   Te m'hê dito porco? Mo' a' me l'arecordaré;
che te no sarè d'agn'ora in cà de muro, ch'a' te faré
pí menú che no fo mè ravazolo pesto. A' te faré vêre
che sto sponton ha buon màneg e miegio soramà-
nego.

24 TONIN   Te no m'aspetarè po, s'a' 'n vegni po.

25 RUZANTE   A' te vuò pagare la colazion, e vie' via.

26 TONIN   Se ti è om da bé, no 't partí fiché no vegni.

[*Gli fa cenno di aspettare, e si ritira*].

27 RUZANTE   Vie' via. Inchina da mo' a' no me partiré.
[*Crede che Tonin si appresti a scendere sul serio. Spa-
ventato, si nasconde come il solito sotto il portico*]
A' me vuò tirare indrío, che gh'in vuò dare tante...
[*Si guarda intorno*] A' vorae ben vontiera che 'l ghe
foesse qualcun che stramezasse, ch'a' no vorae ch'a'
s'amazèssano. A' vuò fare bon anemo. E pí ca morire
una fiè... [*Vede che Tonin è riapparso alla finestra, e
non può contenere un moto di gioia*] Vien-tu? Ti è
tornò al balcon? Te no vien? Mo' crezi che te l'hê in-
divinò. Agno muò', te la può slongare, ma no fuzire.

28 TONIN [*al massimo del disprezzo*]   A' no 'm vòi insan-
guanà i mà in sango de vilà traditor.

29 RUZANTE   Vilan mi? Deh, pota del cancaro, che no sba-

30 Bada che se la rompi, ti darò addosso del pane di
Santo Stefano.

31 Ehi, facchino, non tirar pietre...

32 Ehi, villano, non romper lí...

33 Ehi, facchino, non tirar pietre...

34 Ehi, villano, non romper lí...

35 Se tiri pietre...

36 Se rompi lí...

37 Bada che se non mi mancano le pietre, ti farò saltar
fuori di lí. Che cosa credi, perché sei soldato...

38 Bada che se non mi mancano i sassi, ti schiaccerò i
pidocchi sulla testa.

39 Su, non voglio neanche farmi prendere in giro. Voglio avere piú giudizio di te. In ogni modo ti farei,
se non guardassi ad altri che a te...

40 Mi guardi le mani?

41 Le tue mani, io? Chi mi avrebbe tenuto dal farti a
pezzi?

42 Chi mi avrebbe vietato di darti sulla testa?

43 Ricordati che mi hai detto porco.

44 Ricordatelo anche tu.

45 Me lo ricorderò. Ma bada, non farmi pregare che faccia la pace, né la guerra. Credi che mi è montata una
tal furia, che non farei pace con Orlando.

46 Va' con Dio, va' come andò quel prete di Marano.
Voglio stare attento se si toglie via di casa, che me
ne voglio andare in casa dalla femmina.

teré zó st'usso? [*Raccatta una grossa pietra e si av-
venta con quella contro la porta*].

30 TONIN [*lo minaccia dall'alto con un sasso*] Chasí, s'ti
sbreghi, ch'a' 't darò d'ol pà de Sa Stefen per ados!

31 RUZANTE Doh, megiolaro, no trar prí.

32 TONIN Doh, vilà, no scarpà lí.

33 RUZANTE Doh, megiolaro, no trar prí.

34 TONIN Doh, vilà, no scarpà lí.

35 RUZANTE S'te trê prí...

36 TONIN S'te scarpi lí...

[*Sospesi, continuano a minacciarsi con le pietre in
mano*].

37 RUZANTE Chesí, se 'l no me vie' a manco le prí, ch'a'
te sborirè de lí. Perché t'è soldò?

38 TONIN Chasí, s'a' 'l no 'm ve' a manch i sass, ch'a' 't
cazerò i pedoč del co.

39 RUZANTE Orsú, a' no me vuò gnan fare smatare. A'
vuò aére pí çelibrio che te n'hê ti. [*Lascia cadere la
pietra e si allontana di qualche passo, tenendo d'occhio l'altro*] Mo' agno muò' a' te farè, s'a' no guar-
dasse per altri ca per ti...

40 TONIN [*mostrandogli il sasso che ha in mano*] Te 'm
guardi ale mà?

41 RUZANTE Ale tuò man mi? Chi m'arae tegnú ch'a'
n'aesse sbregò?

42 TONIN Chi m'araf devedat ch'a' no t'avess dat sul co?

43 RUZANTE Arecòrdate che te m'hê dito porco.

44 TONIN Arecòrdete 'l pur ti.

45 RUZANTE A' me l'arecorderé. Mo' ví, no me far pregare ch'a' faghe la pase, né de guera. Crezi ch'a' 'l
m'è montò la zamara, ch'a' no farae pase co Rolando.

46 TONIN Và con Dè, và co' andé ol pret da Marà. [*Ruzante corre in casa ad armarsi, Tonin si ritira brontolan-
do*] A' vòi dà met s'a' 'l se tol vai da cà, ch'a' 'm vòi
andà in cà dala fomna.

47 Né pate né niente! Mi ha detto pórco.

48. Compare, compare! Che novità è questa? Che vo-
    gliono dire queste armi?

49 Compare, non volevo altri che voi.

50 Sono qua, io.

51 Quel soldato bergamasco è vostro amico?

52 È mio amico, certo.

53 Fategli dire le messe di San Gregorio.

54 Perché? È morto?

55 No, lo voglio ammazzare io.

56 Non lo fate, canchero! Perché volete rovinarvi in
    questo mondo?

57 Voglio combattere con lui. Pigli pure le armi che
    vuole.

58 O compare, le armi non sono per tutti.

59 Che, compare? La paura è sparita, non ho paura di
    lui, io.

60 No. Ma non sapete che le disgrazie sono sempre
    pronte? Il diavolo è perfido, e molte volte un poltro-
    ne ammazza un valentuomo.

61 Io, compare, voglio combattere con lui per il mio
    onore.

62 È meglio vivere da poltrone che morire da valentuo-
    mo. Non lo sapete, compare?

63 Compare, io voglio combattere. E ho piacere che ci
    siate voi, perché vi metterete di mezzo. Perché, vi di-
    rò, compare, io, quando meno tre o quattro botte,
    mi accieco, perdo la vista, divento come i cavalli da
    tiro, che si acciecano. Perciò voglio che vi mettiate
    di mezzo.

64 È una cosí gran discordia, che non si possa accomo-
    dare?

SCENA QUARTA   Ruzante e Menato

47 RUZANTE [*irrompe di nuovo, armato di spada, mazza e scudo*]   Né pase né gnente! El m'ha dito porco.

48 MENATO [*sopraggiunge in quel momento e lo ferma*]   Compare, compare! Mo' che noela? Che vuol dire ste arme?

49 RUZANTE   Compare, a' no volea gnan altri ca vu.

50 MENATO   Mo' son chialò, mi.

51 RUZANTE   Quel soldò bergamasco è-lo vostro amigo?

52 MENATO   L'è me amigo, per çerto.

53 RUZANTE   Fèghe dire le messe de San Griguolo.

54 MENATO   Perché? È-lo morto?

55 RUZANTE   No. El vuò mazare mi.

56 MENATO   No fè, cancaro! Che ve volí-vu deroinare de sto mondo?

57 RUZANTE   A' vuò combater co elo. Tuogia pure che arme che 'l vuole.

58 MENATO   O compare, le arme n'è per agn'om.

59 RUZANTE   Che, compare? La paura è spartía. A' n'he paura d'elo, mi.

60 MENATO   No. Mo' no saí-u che le desgrazie è apareciè? El diavolo è sotile, e assè fiè un poltron amaza un valentomo.

61 RUZANTE   Mi, compare, a' vuò combatere co elo per el me anore.

62 MENATO   L'è miegio viver poltron ca morir valentomo. No saí-vu, compare?

63 RUZANTE [*avverte l'ironia del compare, e insiste*]   Compare, a' vuò combatere. E sí a' he piasere ch'a' ghe sipiè, perché a' stramezarí. Perché, a' ve diré, compare, con a' meno tre o quatro bote, a' me orbo, ch'a' perdo la vista, ch'a' son co' è i cavagi che tira, che se orba. E perzòntena a' vuò ch'a' stramezè.

64 MENATO   È-la gran deferienzia, che la no se posse conzare?

65 Ma, è stato... che è stato lui quello che ha fatto ve-
    nire quelli che mi hanno assaltato e che mi hanno
    preso il vostro vestito. E io gli voglio far vedere che
    sono poltroni tutti, a uno a uno, a due a due, a tre a
    tre, a dieci a dieci.

66 Sí, compare, ma ricordatevi che sul Pavano ci si sta
    bene. Andrete a rischio di rovinarvi e di andare ra-
    mingo. E poi, compare, sapete bene che ci conoscia-
    mo.

67 A buon conto, voglio combattere adesso.

68 Sentite, compare. Sapete che vi ho sempre consiglia-
    to bene. È quasi sera. Lasciate che si faccia buio, e
    poi piglieremo delle armi, voi e io, e lo faremo fuori.
    Andiamo a casa, finché si fa buio.

69 Andiamo, voglio seguire il vostro consiglio.

70 Andiamo.

71 Caro compare, lasciatemi buttar giú quest'uscio.

72 Non lo fate, compare. Andiamo a casa.

73 Voglio seguire il vostro consiglio.

74 Andiamo dunque.

75 Lasciatemi buttar giú quest'uscio, caro compare.

76 Non lo fate, compare. Andiamo a casa.

65 RUZANTE [*impacciato*] Mo' l'è stò... che l'è stò quelú
   ch'ha fato vegnire quigi che m'ha arsaltò, che me
   tuosse la vostra gonela. E mi a' ghe vuò far vêre che
   gi è poltron tuti, a un a un, a du a du, a tri a tri, a
   diese a diese.

66 MENATO Mo', compare, arecordève che 'l gh'è bon stare sul Pavan. A' v'andarí a deroinare del mondo e
   andar malabianto. [*Ammiccando*] E po, compare, a'
   saí pure ch'a' se cognosson...

67 RUZANTE A bel pato, a' vuò combater adesso.

68 MENATO Aldí, compare: a' saí pure ch'a' v'he sempre
   consegiò ben. L'è de boto sera. Laghè che 'l sipia inscurío, ch'a' toron de le arme, vu e mi, e sí a' 'l faron
   fuora. Andon a cà, inchina che 'l sia inscurío.

69 RUZANTE Andon, ch'a' vuò fare el vostro consegio.

70 MENATO Andon. [*Fa per muoversi*].

71 RUZANTE [*si precipita, roteando le armi, contro la porta
   del soldato*] Caro compare, lassème butar zó st'usso!

72 MENATO [*senza neppure toccarlo, lo ferma con la voce*]
   No fè, compare. Andon a cà.

73 RUZANTE [*ritorna sui suoi passi*] A' vuò fare el vostro
   consegio.

74 MENATO Mo' andon.

75 RUZANTE [*si rivolta, e ripete in minore la bravata*] Laghème butar zó st'usso, caro compare!

76 MENATO [*immobile*] No fè, compare. Andon a cà.

   [*Ruzante, mogio, lo precede in casa*].

1 Compare, io direi che non andassimo.

2 Andiamo, potta di chi vi fece, giacché avete paura.

3 Non ho paura. Ma penso se incontrassimo gli sbirri e ci pigliassero e ci incrociassero le braccia come si fa con le ali dei paperi, cosa direste?

4 Potta, vi pensate dei gran casi, voi. Non li sentiremo? Non li pagheremo con i calcagni?

5 Dite proprio il vero. Siamo forse al largo, fuori all'aperto? Dove canchero vorreste che corressi, se non ci vedo niente? È pur buio fuori di modo. Non so andare lungo questi muri. Torniamo indietro, caro compare.

6 Oh, mi meraviglio di voi, compare. Non abbiate paura.

7 Vi dico, compare, ci potremmo dare l'un l'altro, senza che ce ne accorgessimo; perché non ci vedo, sapete?

ATTO QUINTO

SCENA PRIMA   Ruzante e Menato

[*Armati e muniti di scudo, escono circospetti di casa.
È notte scura*].

1 RUZANTE [*sottovoce*]   Compare, à dirè ch'a' no andas-
sàn.

2 MENATO [*sospingendolo*]   Andom, pota de chi ve fé,
dasché aí paura.

3 RUZANTE   A' n'he paura. Mo' a' me penso: s'a' catessàn
i zafi, e che i ne pigiasse e incrosarne le braze, co' se
fa le ale agi ocati, che dissé-vu?

4 MENATO   Pota, a' ve pensè le gran noele. No i sentiron-
gi? No i pagheron de calcagni?

5 RUZANTE   Mo' a' dî vero. Che a' seon fuossi ala larga,
de fuora? On' cancaro vossé-vu ch'a' coresse, ch'a'
no ghe vego gozo? L'è pur a scuro fuora de muò'. A'
no sè andar per ste muragie. [*Tasta il muro e fa per
ritornare sui suoi passi*] Tornon indrío, caro compare.

6 MENATO   Poh, a' me smaravegio de vu, mi, compare.
N'abiè paura. [*Lo agguanta e lo trascina con sé, allon-
tanandosi*].

[*Allo smorzarsi delle voci, s'intravvede la figura di
Tonin sguisciare furtivamente di casa. Betía è ad at-
tenderlo dietro la porta e in silenzio richiude*].

7 RUZANTE [*rientra in scena da un altro passaggio, sempre
preceduto da Menato*]   A' ve dighe, compare, a' se
possàn dare l'un l'altro, che no se n'adassàn; perché
a' no ghe vego, saí-u?

8 Non abbiate paura per me, compare. Venite pure
   avanti, lungo questo muro.

9 Non vedo nemmeno voi, e volete che veda i muri.
   Darò ad amici e nemici, quando mi metta a menare,
   intendete?

10 Lasciatevi guidare da me, come fareste se foste orbo,
   compare. Non sapete che si dice « botte da orbi »? Mi
   riconoscerete pure dalla voce. Non abbiate paura.
   Potta, credo che tremiate dalla paura. Battete i denti che vi si sentirebbe a un tiro di balestra.

11 No, compare, non ho paura: ho i brividi da freddo.
   Potta del canchero!...

12 Che vi succede, compare?

13 Andiamo piano, potta del canchero, che mi sono sca-
   pocchiato un'unghia e sbucciato tutto un ginocchio.
   Che maledette siano le pietre! Vedete se è come vi
   dico? Torniamo indietro.

14 Tenetevi lungo il muro, potta di chi vi fece! se non
   è peccato.

15 Non vedo nemmeno voi.

16 Sono qui, da questa parte.

17 Sst, sst, piano!

18 Avete sentito niente, compare?

19 Sst, sst, piano!

20 Ma che c'è?

21 Sst, sst, pst!

22 Che sentite, compare?

23 Tacete un po'. Sento come scricchiolare una corazzi-
   na. Scappiamo, scappiamo, compare.

24 Non è vero. Non sono io davanti?

25 Ma se venissero di dietro? Volete sentire quello che
   sento io? Tenete il fiato, compare.

26 Non sento niente. Se non avete soffiato...

27 Compare, scherzate voi. Ma a me di morire importe-
   rebbe meno che a voi. Vi dico che sento come un fumo di schioppo.

8 MENATO   N'abiè paura de mi, compare. Vegní pur via,
a longo via sto muro.

9 RUZANTE   A' no ve vezo gnan vu, e sí a' volí ch'a' vega
muri. A' darè ⟨a⟩ amisi e nemisi, co' a' me meta a
menare, intendí-vu?

10 MENATO   Laghève goernar a mi, co' fassé-vu s'a' foessè
orbo, compare. No saí-vu che se dise «bastonè da
orbo»? A' me cognosserí pure ala ose. N'abiè paura.
[*Ruzante ha la tremarella e batte i denti*]. Pota, a'
crezo ch'a' tremè da paura. Mo' a' batí-vu i dente,
ch'a' 'l s'a' ve sentirae una balestrà.

11 RUZANTE   No, compare, a' n'he paura; a' he le sgrisa-
ruole da ferdo. [*Annaspa nel buio, inciampa e cade*]
Pota del cancaro...

12 MENATO   Ch'è quelo, compare?

13 RUZANTE   [*rimettendosi in piedi, con pena*]   Andon
pian, pota del cancaro, ch'a' m'he scapogià n'ongia e
mondò un zinuogio tuto. Che maleto sea le prí! Vî-u?
Questo è quelo ch'a' ve dighe. Tornon indrío.

14 MENATO   [*imperioso*]   Tegníve a longo via el muro, pota de chi ve fé, se 'l n'è pecò.

15 RUZANTE   A' no ve vego gnan vu.

16 MENATO   A' son chialò, a sta man.

17 RUZANTE   [*trattenendolo*]   Icz, icz, pian!

18 MENATO   H 'í-vu sentío gnente, compare?

19 RUZANTE   [*gli fa cenno di tacere*]   Icz, icz, pian!

20 MENATO   Mo' che, an?

21 RUZANTE   Icz, icz, scc!

22 MENATO   [*sta in ascolto*]   Che sentí-vu, compare?

23 RUZANTE   [*a bassa voce*]   Tasí mo'. A' sento ⟨a⟩ muò'
sgrintolare na corazina. Muzon, muzon, compare!
[*Si volta per fuggire*].

24 MENATO   El n'è el vero. No so'-gie inanzo mi?

25 RUZANTE   Mo' s'i vegnisse de drio? Sentí-vu quel ch'a'
sento mi? Tirè mo el fiò a vu, compare.

26 MENATO   A' no sento gnente. S'a' no aí vessinò...

27 RUZANTE   Compare, a' trognè mo' vu. Mo' a' gh'in da-
ré manco da morire, ca no fassè vu. Mo' a' ve dighe
ch'a' sento a muò' fumego de s-ciopeto.

28   Non sento niente, io.

29   Dovete essere raffreddato, voi. Ma sento ben io. Sen-
     tite, compare: ho detto alla femmina che lasci aperta
     la porta. Se bisognasse... Ho fatto bene?

30   Avete fatto bene. Andiamo per questo vicolo; veni-
     temi dietro.

31   Andate pure avanti.

32   Compare, dove siete?

33   Sono qua. E voi dove siete? Fatevi vicino a me, per-
     ché non conosco troppo bene questi vicoli.

34   Potta del canchero!...

35   Che c'è, compare?

36   Mi sono rotto il viso. Ho dato contro non so che.

37   Avete dato contro il mio scudo. Ma non lo vedeté?
     Eppure l'ho sulla testa, lo dovreste vedere.

38   Potta di chi vi fece, da quando in qua gli scudi si
     portano a questo modo, in testa, come fate voi?

39   Ma, compare, non voglio che m'insegnate questo
     mestiere. Lo porto in testa perché non siamo fuori
     all'aperto. Potrebbe venir voglia a qualcuno di but-
     tar giú da queste finestre un mattone e cacciarmi il
     cervello in bocca, sapete, compare? Vedete che non
     sapete ogni cosa?

40   Potta di chi vi fece, vedo che le sapete tutte. Potta,
     vi pensate delle gran storie.

41   Oh, penso quello che potrebbe capitare.

42   Sentite, compare: non bisogna che stiamo tutti e due
     assieme, adesso che siamo su questo crocicchio.

43   E dove volète che vada? Voglio che stiamo tutti e
     due assieme, col culo voltato l'un l'altro, sapete?

44   Vi dico, lasciatevi guidare da me, ché questa non è
     la prima volta. Statevene pur qui.

28 MENATO [*annusa l'aria*] A' no sento gnente, mi.

29 RUZANTE Mo' a' di' esser fredío, vu. Mo' a' sento ben
mi. Aldí, compare: a' he dito ala femena che laghe
averto l'usso. Se 'l besognasse... Ho-gi fato ben?

30 MENATO Aí fato ben. Andom per sta viazuola. Vegní-
me drio.

31 RUZANTE Andè pur là. [*Si copre il capo con lo scudo*].

32 MENATO [*sente che l'altro si è fermato*] Compare, on'
si'-vu?

33 RUZANTE A' son chialò. On' si'-vu vu? Fève a pè de
mi, ch'a' no so tropo ben i truozi.

34 MENATO [*gli si accosta e urta con la faccia contro lo scudo che non ha visto nell'oscurità*] O pota del cancaro...

35 RUZANTE Ch'è, compare?

36 MENATO [*coprendosi la faccia*] A' m'he roto 'l viso! A'
he dò in no so che.

37 RUZANTE Aí dò in la mia ruela. Mo' no la vî-vu? Ampò la ho-ge in cao, a' la dissé pur vêre.

38 MENATO Pota de chi ve fé, daschè le ruele se porta a
sto muò', in cao, ⟨com⟩ a' fè vu?

39 RUZANTE [*risentito*] Mo', compare, a' no vuò ch'a'
m'insignè stò mestiero. A' la porto in cao, perché a'
no seon de fuora ala larga. El porae vegnir vuogia a
qualcun da trar zó de ste fenestre un quarelo, e bu-
tarme i çerviegi in boca. Saí-u, compare? Vî-vu ch'a'
no saí agno cossa?

40 MENATO Pota de chi ve fé, a' so ch'a' le saí tute. Pota,
a' ve pensè le gran noele.

41 RUZANTE Poh, a' me penso quel ch'a' porae intrave-
gnire.

42 MENATO Aldí, compare: el no besogna ch'a' stagàn
tuti du a uno, adesso ch'a' seon su sta crosara.

43 RUZANTE [*allarmato*] E on' volí-u ch'a' vaghe? A' vuò
ch'a' stagàn tuti du a uno, e voltarse el culo uno al'altro, saí-vu? [*Si mette di spalle al compare*].

44 MENATO A' ve dighe, laghève goernare a mi, che questa n'è la prima. Stè pur chialò.

45 Compare, sui crocicchi non bisogna stare in meno di
    due. So bene quello che vi dico.

46 Se volete fare a modo mio, fatelo; se no, andiamo a
    casa.

47 Farò come volete voi, compare. Dite pure e lasciate
    fare a me.

48 Restate qua su questo cantone e, se viene qualcuno,
    menateglisenza remissione al mondo. Io sarò al for-
    no dei massari, e finirò di caricare. Non andatevene,
    se prima non vengo.

49 Sí, andate pure, e state attento: se mi sentiste grida-
    re aiuto, compare, non state ad aspettare.

50 Non abbiate paura.

51 Non venite, non venite, povera me, che non voglio
    per niente...

52 Invece ci verrò, sí. Voglio chiudere quest'uscio.

53 Non ho paura, io. Ho fatto piú questioni io di quan-
    te ne fece mai Tullio Cicerone, e lui crede che abbia
    paura. Purché ci vedessi... Credo che la luna non
    voglia levarsi, stasera. Mi voglio postare contro que-
    sto muro, ché non vorrei che qualcuno mi tirasse con
    qualche balestra o con qualche arco.

54 Sai com'è? Sei tu solo qui: bisogna che tu ti faccia
    animo.

55 Ma che potrei fare io solo, se c'è questo buio? Se
    vorrò alzare per menare a uno, finirò per dare in un

45 RUZANTE Compare, sule crosare i no vuò esser manco
    de du, a' so ben quel ch'a' ve dighe.

46 MENATO [*perentorio*] S'a' volí fare a me muò', fèghe;
    se no, andon a cà.

47 RUZANTE [*rassegnato*] A' faré con a' volí vu, compare.
    Dî pur e laghè far a mi.

48 MENATO [*lo sospinge verso l'angolo di una casa*] Stè
    chialò su sto canton, e, se 'l vien negun, menèghe sen-
    za remission al mondo. E mi saré al forno d'i massa-
    ri, e sí ariveré de cargare. No ve tolí via, s'a' no ve-
    gne.

49 RUZANTE Mo' andè, e stè artento. Se m'aldissé çigare
    altúrio, compare, no stè a guardare...

50 MENATO N'abiè paura.

SCENA SECONDA Betía, Menato, Ruzante

[*Menato si avvia deciso alla porta di Ruzante e fa per
entrare. Betía, che ne ha spiato le mosse dietro l'u-
scio socchiuso, cerca di impedirglielo*].

51 BETÍA [*con voce soffocata*] No vegní, no vegní, grama
    mi, ch'a' no vuogio per gnente...

52 MENATO A' so ch'a' vegneré, sí! [*Spinge dentro Betía
    e si volge a chiudere*] A' vuò sarar st'usso.

53 RUZANTE [*solo*] A' n'he paura, mi. A' he fato costion
    pí ca no fé mè Trulio, e sí el cré ch'abie paura. Pur
    ch'a' ghe vêsse... [*Guarda in alto*] A' cherzo che la
    luna no vuò levar, sta sera. A' me vuò conzare a pè
    sto muro, ch'a' no vorae che qualcun me tresse de
    qualche balestra o de qualche arco. [*Si rannicchia
    contro il muro*].

54   Sê-tu con l'è, ti? Ti iè ti solo, chialò; el besogna che
    te faghi bon anemo.

55   Mo' che poriè-gi far, mi solo, sipiando sto scuro? A'
    voré alzar per menare a un, e sí a' me daré int'un uo-

occhio a me. Voglio prepararmi per scappare, che
non abbia altra briga se non quella di scappare, se
sento niente. Mi voglio mettere con questo piede
avanti e con lo scudo dietro la schiena. Butterò via
la spada, se mi darà fastidio.

56 Potta, sono proprio in gran pericolo. Mio compare
mi mette sempre in questi luoghi pericolosi, su
crocicchi, a pericolo di spiriti e di morti e del canchero...

57 Dirò il paternostro... Al sangue di me! Poca botta
ammazza uno. Se adesso venisse voglia a qualcuno di
darmi nella tempia, o nel braccio, o sulla punta della
rotella del ginocchio, e mi entrasse in corpo lo spa-
simo, potrei morir qui, senza confessarmi e senza
niente.

58 Sono proprio un gran cialtrone, per dei denari, a voler star qui a farmi ammazzare...

59 Ascolta? Mi sembra di sentir gente. Compare, siete
voi? Ma sí, se ne sarà andato, quel minchione, e
qualcuno l'avrà trovato e l'avrà ammazzato.

60 Voglio andare a casa. Al sangue del canchero, per
comodo suo, non voglio, come si dice, morir per nessuno. Oh, venga il canchero agli scudi, questo farà
tanto rumore che mi si sentirà lontano un miglio.
Finirò per buttarlo via.

61 Sono a casa adesso? Dove diavolo sono? Sicuro, questo è pur l'uscio, che ho avuto la fortuna di trovarlo

gio a mi. A' vuò asiarme per muzare, ch'a' n'abia
briga se no de muzare, s'a' sento gnente. A' me vuò
conzare co sto pè inanzo, e la ruela drio la schina.
[*Eseguisce*] A' buteré via sta spà, se la me darà fastibio.

56   [*Dalla casa di Betía giunge un concitato parlottío,
        eco dello scontro fra Menato e Tonin che si sta svol-
        gendo all'interno*]. Pota, a' son pure in lo gran prí-
        golo. Me compare me mete sempre mè in sti luoghi
        prigolosi, su crosare, a prígolo de spiriti e de muorti
        e del cancaro...

57   A' diré el patanostro... [*Mentre mormora a soggetto
        una parafrasi dell'orazione, grida e rumori piú alti
        subentrano al suono soffocato delle voci: s'intuisce
        che Menato sta caricando di botte Tonin*]. Al sangue
        de mi, puoca bota amaza pur un. Se 'l vegnisse mo'
        vuogia a qualcun de darme in lo sono, o in lo pessè-
        tolo, o in la ponta dela paleta del zenuogio, e che 'l
        me ghe intresse el spàsemo, a' porae morir chialò,
        senza confessarme e senza gnente.

58   A' son ben el gran poltron, a posta de dinari, voler
        star chialò, a farme amazare...

59   [*I tonfi, le imprecazioni, i lamenti di Tonin portano
        Ruzante all'acme del suo terrore*]. Aldi? El m'è viso
        ch'a' senta zente. Compare, si'-vu vu? Mè sí, el sarà
        andò, elo, che l'è strabúseno, e qualcun l'arà catò e sí
        l'arà amazò.

60   A' vuò andar a cà. A sangue del cancaro, a so posta,
        a' no vuò, con disse questú, morir per negun. [*Lo
        scudo urta con fracasso in un muro*]. Oh, vegne el
        cancaro ale ruele! La farà pur tanto remore, che se
        me sentirae un megiaro. Chasí ch'a' la traré in tera!
        [*Lo getta, facendo ancor piú baccano di prima. Pazzo
        di paura, strisciando, inciampando, urtando nei mu-
        ri, fugge a precipizio. Poco dopo si ritrova davanti a
        casa sua*].

61   Son-ge a cà, adesso? On' cancaro son-gi? Ala fé, que-
        sto è pur l'usso, ch'a' he 'bu ventura, ch'a' l'he catò
        ala prima. [*Brancolando, lo tasta per riconoscerlo*]

subito. È lui? Venga... che quasi non l'ho detta grossa! L'ha ben lasciato aperto come le avevo ordinato? Adesso mi toccherà gridare, e questo soldato che sta qui vicino mi potrà sentire. Ti pare o no che le disgrazie mi corrano dietro?

62 Betía! o Betía!... Non oso neanche gridare. Apri, Betía.

63 Chi è che batte a questa porta?

64 Canchero! Ma che succede? Ho sbagliato uscio. Perdonatemi, fratello, ho sbagliato uscio. Toh, ma è proprio questo il vicolo, sembra a me. O canchero agli orbi! Mi sembra proprio che questa sia la mia casa, e questo il picchiotto del mio uscio. Non batto da voi, batto al mio uscio, fratello.

65 Bada, ubriaco, che ti farò smaltire il vino, se mi levo su.

66 Potta, ma costui è in casa mia. Non so come devo fare. Canchero a mio compare! Ma sí, sono perso, sono stordito, ho creduto di venire per una via e son venuto per un'altra. O fratello, apritemi almeno fino a domattina...

67 Ah, puttana del canchero! Pigliami quello spiedo, aprite quella porta!

68 Vi domando la vita in dono, per amor del perdono di Messer Gesú Dio! Misericordia, non datemene piú, che son morto...

È-lo elo? Vegne... squaso ch'a' no dissi male! [*S'è
accorto che è chiuso*] La l'ha ben lagò averto co' a'
ghe ordeniè? El me besognerà mo çigare, e sto soldò,
che sta chialò vesín, me porà sentire. Te par che le
me core drio, le deroíne?

62   [*Chiama con voce sommessa, bussando piano col picchiotto*] Betía! o Betía! A' no osso gnan çigare...
Avri, Betía!

63 MENATO [*dall'interno, falsando la voce*] Chi èno quelo
che bàteno a questa porta?

64 RUZANTE [*sbalordito, tra sé*] Cancaro, mo' che è questo? A' ho falò l'usso. [*A voce piú alta*] Perdonème,
frêlo, a' he falò l'usso. [*Bisbigliando*] Poh, mo' l'è
pur questa la viazuola, m'è viso mi. O cancaro agi
uorbi! El me par pur viso che questa sea la mia cà, e
questa è la so s-ciona del me usso. [*Rigira il picchiotto tra le mani e ricomincia a battere. Piú forte*] A' no
sbato da vu, a' sbato dal me usso, frêlo.

65 MENATO [*sempre con voce alterata*] Chasí, imbria-
go, che te farano che pairàno lo vino, s'a' lièvano
suso!

66 RUZANTE [*tra sé*] Pota, mo' costú è in cà mia, elo. A'
no so con a' deghe fare. Cancaro a me compare! Mè
sí, a' son perso, mi, a' son stravaliò: a' he cherzú vegnir per na viazuola, e sí son vegnú per n'altra...
[*Smarrito, si accascia sulla porta e chiama con voce
tremante*] O frêlo, avríme almanco per inchina da
matina...

67 MENATO [*fingendo di dare ordini a sua gente*] Deh,
putana del cancaro! Pígiame quelo spedo! Avríti quela porta! [*Apre d'impeto e si mette a bastonare Ruzante, che gli cade ai piedi*].

68 RUZANTE   A' ve domande la vita in don, per amor del
perdon de Messier Ieson Dio! Misericordia, no m'in
dè pí, ch'a' son morto...

[*Menato, che non è stato riconosciuto, lo scuote con
un piede; visto che l'altro non si muove piú, si volge
per rientrare in casa. Sulla soglia Betía, che ha assi-*

69 Andate via, compare, e poi menatelo a casa.

70 Potta del canchero, compare, siete voi? O compare!
Dove diavolo è andato? Che canchero è questo? È
uno scudo. Vuoi vedere che è il suo? Potta del canchero, è un gran fanfarone. Ti pare che sia rimasto
dove l'avevo messo io? O canchero, compare, siete
voi, compare? Lo trovassi almeno. Dove diavolo è
andato? Compare!

71 Siete voi, compare?

72 Sí, potta di chi vi fece! Siete ben rimasto dove vi
avevo messo. È un'ora che vi vado cercando.

73 Oh, compare, mi è toccata la maggior disgrazia che
sia mai capitata a crístiano del mondo! Vi dicevo
bene io: stiamo qui sul crocicchio.

74 Ho trovato uno scudo. È il vostro, compare?

75 Sí, potta del canchero! Compare, quando voi siete
partito, mi sono messo in mezzo al crocicchio, per
vedermi bene attorno. E non so come, vedo luccicare
non so che: pareva fuoco eppure non era fuoco. Gli
vado incontro: bene, vedo un piede, e poi due piedi,
e poi una gamba, e poi due gambe, tanto che vedo
mezzo uno e poi tutto uno. E poi, compare, era pic-
colo e comincia a diventare grande, che pareva fuor
di modo grande. Potevo appena guardare in su, che
76 quello cresceva e si ingrossava. Vi dirò la verità,

*stito impassibile alla scena, lo ferma e gli dice sotto-
voce]*

69 BETÍA   Andè via, compare, e menèlo a cà.

*[Menato le consegna il bastone e ritorna verso Ru-
zante. Finge di non vedere dove si trova e parla con
la sua voce naturale].*

70 MENATO   Pota del cancaro! Compare, si'-vu vu? O
compare! *[Pausa].* On' cancaro è-lo andò? *[Inciampa
nello scudo e lo solleva]* Che cancaro è questa? Mo'
l'è na ruela. Mo' chasí che l'è soa. Pota del cancaro,
l'è 'l gran lasagnon. Te par che 'l sipia stò don' a' 'l
metí? O cancaro, compare! Si'-vu vu, compare?
[Pausa]. El catesse almanco... O' cancaro è-lo andò?
O compare!

71 RUZANTE *[sollevando appena la testa]*   Si'-vu vu, compare?

72 MENATO *[gli si avvicina]*   Sí, pota de chi ve fé! A' si'
ben stò don' a' ve metí! L'è un'ora ch'a' ve vaghe
çercanto.

73 RUZANTE *[si rialza un poco, e parla con un filo di voce]*
Oh, compare... La maor desgrazia che foesse mè intravegnú a cristian del mondo! A' ve diea ben mi:
stagon chí su la crosara.

74 MENATO   A' he catò una ruela. È-la la vostra, compare?
[Gli porge lo scudo].

75 RUZANTE *[si rimette in piedi, aiutato da Menato]*   Sí,
pota del cancaro! Mo', compare, quando a' ve partis-
si, a' me conçiè in mezo sta crosara, per vêrme ator-
no ben. A' no so mi, a' vezo a lúsere no so che: el
parea fuogo, e sí no giera fuogo. A' ghe vago incon-
tra. Bensà che a' vezo un pè, e po du piè, e po una
gamba, e po du gambe, tanto ch'a' vezo mezo un, e
po tut'un. E po, compare, el giera pízolo e 'l comen-
za a vegnir grande, che 'l parea fuora de muò' grande. A' no poea guardar tanto in su, quanto el cressea
76   e s'ingrossava. A' ve diré 'l vero, compare: mi, con
a' viti cussí, el me vene a muò' paura; e in quelo ch'a'

compare: io, quando ho visto cosí, m'è venuta quasi paura; e mentre pensavo se andare avanti o tornare indietro, mi sento venire in faccia un mulinello, proprio come deve essere quello del turbine. Soffiava, compare, che non mi potevo tenere in piedi. Mi ha sbattuto subito lo scudo per terra, e io via a scappare, e lui a soffiare. Mi andava sbattendo contro i muri, che sembrava uno che pigliasse a calci una vescica.

77   Sono tutto rotto, tutto pesto, tutto a pezzi, tutto scorticato. E se non mi ricordavo di farmi la croce con la lingua, mi avrebbe ridotto in briciole. Ma quando mi sono fatto la croce, subito subito si è disperso. Mai piú, compare, mai piú sto su dei crocicchi.

78   Andiamo a casa, compare, menatemici, che sono stordito. Canchero, non ho mai avuto una cacarola piú grande di questa, compare. Se non muoio stavolta, perderò la scorza come una pianta.

79   Compare, ho fatto voto di far pace con quel soldato e domandargli perdono. Voglio, compare, quando sarà domattina, che vediate di accomodarla; perché, compare, non ne voglio piú sapere, sono stufo. Voglio badare a far bene e a vivere in santa pace. Non piú storie, non piú gherminelle, né niente. Ne ho fatte tante, che la prima volta che andassi in prigione, finirei squartato senz'altro. Mi voglio tirar la coda tra le gambe, per non andare piú urtando in niente.

80   Siamo già sotto casa, compare?

81   Siamo giusto frammezzo l'uscio.

82   Oh, per l'amor di Dio, aiutatemi, che sono morta!

83   Che avete, comare?

84   Compare, sono morta.

me pensava d'andar inanzo o de tornare indrío, a' me
sento vegnir in lo volto un vissinelo, ch' ⟨ha⟩ a far la
bissa-buova. El supiava, compare, ch'a' no me poeva
tegnire in pè. El me butà ala prima la ruela in tera, e
man mi a muzare e elo a supiare. El m'andasea sba-
tando in sti muri, che 'l sonava un ch'andesse daganto
d'i piè int'una vessiga. A' son tuto roto, a' son tuto
77   pesto, a' son tuto franto, tuto dèstegolò. E se no me
recordava de farme la Crose con la lengua, el m'arae
tuto smaruzò. Mo', con a' me fiè la Crose, de fato de
fato el se perse. Mè pí, compare, mè pí a' no stago su
crosare.

78   Andon a cà, compare. Menèmeghe, ch'a' son stravaliò. Cancaro, a' n'evi mè pí la pí gran scagaruola de
questa, compare. S'a' no muoro sta bota, a' me scor-
zeré a mò' un pianton.

79   Compare, a' ho fato invó de far pase con quel soldò
e domandarghe perdonanza. A' vuò, compare, co' 'l
supia doman dí, ch'a' vezè da conzarla; perché, compare, a' n'in vuò pí, a' son stufo. A' vuò tendere a far
ben, e a vivere in santa pase: né pí noele, né pí garbinele, né gnente. A' n'he fate tante, che la prima fià
ch'andesse in preson, a' sarae squartò de fato. A' me
vuò tirare la coa in le gambe, per n'andar pí urtando
in gnente.

80   Seon-gi ancora a pè de cà, compare?

81   MENATO [*che ve l'ha ricondotto, dopo molte giravolte*]
A' seon adesso per me' l'usso.

SCENA TERZA   Betía, Menato e Ruzante

82   BETÍA [*esce forsennata di casa e s'inginocchia davanti ai
due*]   Oh, per la bel' amor de Dio, agième, ch'a' son
morta.

83   MENATO   Ch'aí-vu, comare?

84   BETÍA   Compare, a' son morta.

85 Non ti disperare.

86 Pace, compare, pace, pace, pace!

87 Con chi? Con chi?

88 Pace, compare!

89 Con chi?

90 Pace, fratelli, pace!

91 Che dici, sorella? Eh, compare? Che sia spiritata?
    Chi diavolo ha incontrato? Che vi pare, se avesse
    fatto qualche brutto incontro, compare?

92 Se fosse stregata?

93 Pace, pace, pace!

94 Ma con chi?

95 Voglio che tu me la prometta.

96 Te la prometto, sí. Ma con chi?

97 Con il soldato.

98 Potta di chi ti fece, dove vuoi che lo trovi adesso?

99 È qui in casa, che dice che gli sei corso dietro e che
    l'hai picchiato. È tutto sangue, e io son quasi mor-
    ta. Fate pace, fate pace!

100 Ma taci, non gridare. Sono contento. Eh, compare,
    che vi sembra? Se fosse stato che, quando scappavo
    da quell'orco, avesse creduto che corressi dietro a
    lui? E io avevo paura, al sangue del canchero!

101 Speriamo che non lo abbiate anche storpiato...

102 Ma in che modo, se non l'ho nemmeno raggiunto?

103 Via, andiamo a far pace. E poi andremo a riposare,
    che sarà ora, non è vero, compare?

104 Sí, compare, andiamo.

85 RUZANTE   No te desperare.

86 BETÍA [*grida istericamente*]   Pase, compare, pase, pase, pase!

87 MENATO   Co chi? Co chi?

88 BETÍA   Pase, compare!

89 RUZANTE   Co chi?

90 BETÍA   Pase, fradiegi, pase!

91 RUZANTE   Che dí-tu, serore? [*A Menato*] An, compare? Sarà-ela mè inspirità? Che cancaro ha-la catò? Che ve parae, se la foesse mè mal imbatúa, compare?

92 MENATO   Se la foesse mè inorcà?

93 BETÍA   Pase, pase, pase!

94 RUZANTE   Mo' co chi?

95 BETÍA [*a Ruzante*]   A' vuò te me la impromiti.

96 RUZANTE   Mo' a' te la prometo. Mo' co chi?

97 BETÍA   Con el soldò.

98 RUZANTE   Pota de chi te fé! On' vuò-tu ch'a' 'l cate adesso?

99 BETÍA   L'è chí in cà, che 'l dise che ti gh'iè coresto drio, e che te gh'hê dò. E sí è tuto sangue, ch'a' son squaso morta. Fè pase, fè pase!

100 RUZANTE   Mo' tasi, no çigare. A' son contento. An, compare? Che ve parae, se 'l foesse, quando a' muzava da quel'orco, che l'aesse crezú ch'a' ghe coresse drio a elo? E mi aéa paura, al sangue del cancaro.

101 MENATO [*sarcastico*]   Mo' se no l'aí pur guasto...

102 RUZANTE   Mo' a che muò', ch'a' no l'ho gnan zonto?

103 MENATO   Moa, andon a far pase. E po andaron a arpossare, che 'l serà ora, n'è vera, compare?

104 RUZANTE   Sí, compare. Andon. [*Entra con Betía*].

[*Menato li segue e chiude l'uscio*].

Indice

*Stampato per conto della Casa editrice Einaudi
dalla Fantonigrafica - Elemond Editori Associati*

C.L. 7203

Ristampa   Anno

9   10   11   12   13   14   15   92   93   94   95   96   97   98